내가 꽃을 사랑하는 이유

샘문 시선 1021

샘터 이정록 시선집

산다는 건 산다는 건
그런 것 울보 마음 같은 것

사랑한다는 건 사랑한다는 건
그런 것 울보 마음 같은 것
〈내 사랑 울보 , 일부 인용〉

또 한 잔 말아 흔들자
일렁이는 그대가 알딸딸
취한 미소로 다가오네요
쭈욱 드리키지요
잔 술 속 그대 마시니
촉촉히 젖어요
영혼 속으로
〈한 잔의 추억, 일부 인용〉

잘 살아요
행복하게 잘 살아요
젖은 이별 시는 선물이예요
그대가 죽을 만큼 날 사랑했었고
나 또한 죽을 만큼 그댈 사랑했기에
드리는 선물이예요
가끔 꿈 속에서라도, 어쩌다 시집詩集 속에서라도
그대 흔적, 내 연민憐憫과 마주친다면
선홍빛 눈물 흘릴 거예요
〈이별, 일부 인용〉

_____ 님께

년   월   일

드립니다.
_____

도서출판 샘문

샘터 이정록 서정시집

내가 꽃을 사랑하는 이유

서럽게 피어나지 않는 꽃, 어디 있으랴

서럽고 아팠던 시절에 출간한 시집(1993.02.07.)「산책로에서 만난 사랑」을 30여년 만인 2020년 7월 31일 재발행하여 완판하고 6쇄째를 판매하고 있는 시점에「내가 꽃을 사랑하는 이유」를 발간하였다.

「산책로에서 만난 사랑」이 네이버에서 전국서점을 모니터링하여 "판매 순위", "평점 순위", "가격순위"에서 1위를 지속한 시집을「베스트셀러」로 선정하여 붉은 원형 낙관을 찍어 주었다.

또한 독자들께도 과분할 만큼 사랑을 받았다.
너무 감사하고 감동하여 몇 날 며칠을 잠을 못 이루고 아픈과거를 회상하며 눈물을 흘렸다.
날개가 부러진 비련의 존재가 날개가 다시 자라 비상한 것이다. 사선에 걸친 금단의 늪에서 맑고 고운 서정과 아름슬펐던 이야기들을 구출하여 현상계 정수리에 기어 올라 인식의 문을 막 열고 여명의 빛살을 타고 넘어오는 찬란한 탈출을 한 것이다.
시詩는 맑은 영혼으로 써야 한다는 나의 철칙이 때묻지 않도록 철저한 수양으로 심상과 철학과 시상을 최선상으로 끌어 올리고자 한다.
기존의 패러다임을 넘어 지속적으로 나 자신을 혁파

시인의 말

하고 혁신하여 끝없이 도발하는 글쟁이로 승화시키고자 한다. 오늘도 배가 고파 꿈을 꾼다. 봄이라 시름시름 앓이 하면서도 꾼다.

시의 다양성이 요구되는 시대에 어떻게 쓸 것인가를 고민한다. 매너리즘이나 독단에 갇히지 않기 위해 끝없이 경계하며, 사유하고 관조하고 사랑한다. 이를 토해내어 받아 쓴다.

현대시의 본질은 이미지화 하는 언어 창조이다. 언어 창조는 비유, 아이러니, 풍자, 모순, 역설 등의 요소들을 지니고 있다. 일상의 모순된 진리가 모순을 초월하도록 더 높은 선상으로 확장시켜 나가고자 한다.

"그대가 만개하기까지 망울을 처연하긴 했어도 서러움이 베 있을줄은 몰랐고 이슬 젖은 햇살이 그려낸 풍경이 고와 눈이 시리긴 했어도 내 심상이 흔들릴 줄은 몰랐다."

이렇듯 꽃은 망울을 참 아프게 터트린다. 난 그래서 꽃을 좋아한다. 꽃처럼 피어나 내 품에 안겨온 그녀도 아픔이 많은 꽃이다. 난, 그래서 그 꽃을 사랑한다. 동변상련이고 측은지심이리라.

"당산나무가 늘 그 자리에 있는 것은
바람의 신을 마중하는 것이고
내가 이 화원에 늘 서성이는 것은
서럽게 오는 그대 간절히 기다리기 위함이니
그대여 그대여
아련나래 피어나소서
그대여 그대여
아련나래 피어나소서"

사랑의 실현은 인간임을 실현하는 것이리라.

서럽게 피어나는 꽃을 관조하며 난 끝없이 눈물을 흘린다. 난 간절하다. 꽃이 피어나 활짝 만개하기를 간절히 기다린다. 꽃의 노래가 이토록 아름다울 수가 있을까?

사랑한다는 것은 내면의 있는 순수한 자아를 발견하는 것이리라. 순수한 꽃은 우리 마음을 아름답게 정화시킨다. 꽃은 피폐해진 세상을 밝혀주는 존재다. 나는 그래서 꽃을 사랑한다.

이 시집을 출간할 수 있도록 성원해 주고 용기를 주신 한국문단의 어른이신 대한민국예술원 이근배 회장님, 국제PEN한국본부 손해일 이사장님, 한국문인협회 이광복 이사장님, 도종환 시인님, 샘문대학교 이진호 석좌교수님, 대전대학교 김소엽 석좌교수님, 샘문대학교 서창원 총장님, 지은경 박사님, 샘문대학교 교수 및 강사님들, 샘문시선 편집 실무진, 그리고 사랑하는 가족들, 친구들, 지인들께도 감사 드리고, 금쪽같은 외아들 「보물섬」 이현석군과 비주님께도 사랑하고 존경한다는 말씀드립니다.

모든 여러분 감사합니다.

2021년 3월 25일

샘터 이정록 사룀

이정록 서정시집

내가 꽃을 사랑하는 이유

시인의 말 : 서럽게 피어나지 않는 꽃, 어디 있으랴 ·············· 4

1부 내가 꽃을 사랑하는 이유

내가 꽃을 사랑하는 이유 ··············· 12
나는 춘풍春風입니다 ··············· 13
이카로스 폰 ··············· 14
춘화春花 ··············· 16
두 갈래 길 ··············· 17
구실바위취 ··············· 18
아리아의 소망 ··············· 20
봄처녀 꽃바람 난 소리 ··············· 22
내 사랑 울보 ··············· 23
노숙자 ··············· 24
사랑의 새벽 기도 ··············· 26
자각의 눈물 ··············· 27
중력 ··············· 28
비연 ··············· 29
주점에 들러 목이나 축이세나 ··············· 30
참이슬 ··············· 32
인생의 목적 ··············· 33
여기까지 잘 오셨습니다 ··············· 34
이모티콘 ··············· 36
사람 냄새 ··············· 37
어머니, 어머니 ··············· 39
진실한 기도 ··············· 42
자귀나무꽃 ··············· 43

선경의 추억, 소쇄원 ········· 44
희망의 나라 ········· 46
잃어버린 세계를 소환하라 ········· 48
시인의 산책 ········· 50
공원 벤치 ········· 52

2부 나는 이들을 신이라 말한다

기적 ········· 54
장마 ········· 55
나는 이들을 신이라 말한다 ········· 56
사랑의 맹세 ········· 57
감탄사 ········· 58
대한독립만세 ········· 60
야화夜花 ········· 61
담양 장날 ········· 62
미리 쓰는 반성문 ········· 64
비요일의 우체통 ········· 65
정의로운 민주주의 ········· 66
웃음 총량의 법칙 ········· 68
당신을 사랑하세요 ········· 69
자궁 ········· 70

3부 천 년의 사랑

죽음, 그리고 최후의 발악 ········· 72
붉은 심장으로 쓴, 가을의 전설 ········· 73
월계 ········· 75
천 년의 사랑 ········· 76
눈 먼 사랑 ········· 77
한 잔의 추억 ········· 78
무명화 ········· 79
편지 위에 핀, 수련화 ········· 80

홍매화 연정 …………………………………… 82
열정 프로세스 ………………………………… 83
죽어서도 그대를 사랑하렵니다 ……………… 84
향이 좋은 사랑 ………………………………… 86
백조라 불러다오 ……………………………… 88
이름 없는 벙어리 꽃 …………………………… 89
꿈 속에서 피어난 사랑 ………………………… 90
메커니즘 ………………………………………… 91
별 바다 ………………………………………… 92
희망 ……………………………………………… 94
라일락, 보라빛 꿈 ……………………………… 96
명자꽃 …………………………………………… 98
아가 노루귀 …………………………………… 99
매화가 사랑에 빠졌어 ………………………… 100
설중매 봄 사랑 ………………………………… 101
무명화가 피었어라 …………………………… 102
시공의 사랑 …………………………………… 104
찬란한 마법 …………………………………… 105
여명의 출사 …………………………………… 108
풍운 …………………………………………… 110
빛바랜 기적 …………………………………… 112
상처 …………………………………………… 114

4부 죽어서도 사랑하렵니다

사랑과 이별 …………………………………… 116
순애,보 ………………………………………… 117
이별 …………………………………………… 118
청녀, 매실 짱아찌 ……………………………… 120
인생의 논제 …………………………………… 122
죽어서도 사랑하렵니다 ……………………… 124
된통 터진 죽통밥 ……………………………… 126
사랑하는 아들아 ……………………………… 128

성스런 사랑 ···································· 130
눈이 내리는 날이면 ···························· 132
꽃술 ·· 133
소천 ·· 134
자유 ·· 136
너의 환상 ······································· 138
첫사랑 미스김 ·································· 139
물봉선화 ··· 140
춘설春雪 ·· 141
네 냄새가 좋다 ································· 142
천 년 만 년 이어갈 사랑 ····················· 143

5부 바람이 사랑하는 꽃

하나의 꿈을 위해 ······························ 146
자작나무 아래 서면 느껴져요 ··············· 147
꿈 속에서 피는 꽃 ····························· 148
특별한 꿈 ······································· 149
봄은 시인이다 ·································· 150
고드름꽃 ·· 152
당랑거철 ·· 154
애절한 꿈 ······································· 157
땅이 꿈꾸는 하늘나라 꿈 ····················· 158
바람이 사랑하는 꽃 ··························· 160
홍매화 연정 ···································· 162
봄날 ··· 163
직녀 물망초의 이별의 키스 ·················· 164
혁명가 나비 ···································· 165
마법의 24.5k 금 ······························· 166
그 남자 ··· 167
추억의 논두렁 ·································· 168
봉창 Two ······································ 171
여왕의 사랑 ···································· 173

1부
내가 꽃을 좋아하는 이유

내가 꽃을 사랑하는 이유

그대가 만개하기까지 망울이 처연하긴 했어도
서러움이 베어있을 줄은 몰랐고
이슬 젖은 햇살이 그려낸 풍경이 고와서
눈이 시리긴 했어도
내 심상心想이 흔들릴 줄은 몰랐다

바람이 싹을 키운 나래울
그대 꿈이 한 송이씩 날아오를 때마다
내 생령生靈의 기운이 숨을 쉬고
그대의 향기베인 긴 여운이 날 감싸안아
지친 몸과 마음의 응어리 청산낙수되어
그대 향한 물보라가 친다

당산나무가 늘 그자리에 있는 것은
바람의 신을 마중하는 것이고
내가 이 화원에 늘 서성이는 것은
서럽게 오는 그대 간절히 기다리기 위함이니
그대여 그대여
아련나래 피어나소서
그대여 그대여
아련나래 피어나소서

나는 춘풍春風입니다

나는 우주의 기운을 전하는 존재이고
가끔은 화려한 풍류를 즐기는 한량입니다

스치는 인연들 아쉽기만 한 날
또 봄인가 하는 날

솟구치는 기운 차마 억누를 수 없어
그대 맘 한 구석 녹색 풍경으로
색칠해 드립니다

박동 느려진 그대 젖가슴
뜨거운 호흡을 불어넣어 드립니다

연두빛 그리움 너울 쓰고
그대 품에 쓰러집니다

나는 요맘때면 발정이 나는
그대의 흑기사입니다

새파란 낮에는 상큼하게 사랑하고
새까만 밤에는 시리도록 사랑하겠습니다

춘화春花여 한시절 태우소서
정염情炎의 존재여

이카로스 폰

호기심 어린 신세계는 미궁이 아니다
자작나무 가지만한 눈발이 날리는 광야에서
야생마들이 지치는 초원에서 채찍을 휘두르는 목동은
더 이상 미지에서 꿈을 꾸는 존재가 아니다

이제는 방황을 끝내야 한다
하늘을 가로질러 신세계를 찾아나서는
양치기는 천사의 카톡소리를 들으며
은하를 순회하는 별무리 속에서
오늘도 또 채찍을 휘두르며
양치듯 별들을 치며 별꽃을 터트린다

그의 날개는 늘 털가리를 하는지
겨드랑이가 늘 가렵다
초원을 누비는 질주보다는
꿈속을 헤매는 미지보다는
빛들이 찬란한 신세계를 찾아나서는
끝없는 날갯짓이 추락하지 않는 길이다 여긴다

추락하기 전에 꾸어야 하는 꿈
추락하기 전에 달아야 하는 절체절명의 댓글
카톡은 목동의 사명이고 운명이다
추락할 줄 모르는 카톡이 터진다
카톡, 카톡, 카카카 카톡,
숨 넘어가게 터지는 카톡소리 퍼다가
양치기는 별꽃을 터트린다
꿈같은 동경의 시간이다

춘화春花

춘화春花 찾았더니
꽃가람 윤슬만 피어있네

종달이에게 물었더니
오수午睡에 빠진 봄볕 깨워 손잡고
간아당 물빛 타고
봄 불 지피는 홍매 보러 갔다고
풀피리 ㅂㅇㅇ ㅂㅇㅇ

두견이에게 물었더니
미쳐 자지러지는 봄바람 허리춤 잡고
영산강 뗏목 타고
봄 불 지피는 참꽃 보러 갔다고
밀피리 ㅃㅇㅇ ㅃㅇㅇ

※오수(午睡): 낮잠
※윤슬: 달빛, 햇볕이 물위에서 반짝이는 현상
※참꽃: 붉은 진달래꽃
※간아당: 영산강 상류에 위치한
　　　　　담양읍 완동골과 죽녹원이 있는 향교리
　　　　　엉굴 사이에 호국사 절과 죽세공예품을 파는
　　　　　죽물전 중간에 위치한 물길이 깊은 강
　　　　　(산사와 공원, 정자, 기암절벽, 대나무밭, 영산강,
　　　　　죽물전, 능수버들, 수령이 수백 년 된 팽나무가
　　　　　조화를 이루고 있는 절경이다.)

두 갈래 길

해가 저물어
정상 마루에서 내려오는 길에
어느 길손이 물으면
나는 웃으며 말하겠습니다

등정을 시작할 때
두 갈래 길이 있었는데
나는 사람들이 가지않은
험한 길을 택해 올랐노라고

그래서 내 인생이
송두리째 달라졌노라고

내 등짐과 내 양손에는
저 아래 내려가
사랑하는 사람들에게 나누어줄
선물이 가득하노라고

구실바위취

암반 정수리에 둥지를 틀고
제법 수심이 깊은 계곡으로 흐르는
저 맑은 물과 엮이지 않으면
내 인생은 아무 의미가 없을 것이다
살짝 들이민 촉수가 부르트지 않으면
어린 자식을 먹여 살리지 못할 것이다

어렵사리 찾아낸 가느다란 바위틈에
촉수를 박고 비를 맞으면 촉수가 부르터서
태초의 바위가 벌어질 것이다
그 틈을 이용해 잽싸게 뿌리를 내릴 것이다
또 바위에 기생하는 파릇한 이끼에
사지를 감아 틀어쥐고 촉수를 뻗치고
저 늙다리 자작나무에 취약한 사타구니에
파고 들어가 액즙을 자양분으로
내 새끼들을 칠 것이다

한가로운 날이면 바위에 걸터앉아
두 눈과 두 귀를 열고
내 저변에 애물단지들이 누구이고
애잔한 존재들이 누군지 스캔하고 수신할 것이다

이 모두가 내가 먹고 살고
자식새끼들 먹여 살리기 위한
이념적 전투적 상투적 수단이다

청아하게 지저귀는 산새 소리는
그래도 고와 들어줄만 하니
벗할 것이로되
태초의 기운이 서린 바위 원소에서
고요히 상승하는 염력에 여유를 빌어
마음을 열고 들어 볼 것이다

내 촉수가 부르틀 때
땟국물 우려낸 물소리가 내 편이라 좋고
산새 소리가 내 고행이 우러난 혼 소리 같아 좋다
내 벗이라 좋아 어우러지니 콜라보 앙상블이라 좋다
진한 감동과 엮이니 꽃대 떨려서 좋다
내 망울이 툭 터지니 사랑해서 좋다

아리아의 소망

춘설이 졸고 있는 숲
바람이 자작나무 흰 도포자락을 벗긴다
하얀 알몸 속에서 시베리아가 보이고
객혈하는 폐부가 보이고
덜 자란 날개가 보인다
잿빛으로 덮힌 숲, 아사직전인 자작은
살고싶은 꿈을 꾼다

설화雪花 은백의 달을 짓고
상황버섯 노릿한 금 수를 놓고
차가버섯 검붉은 둥지를 치고
말굽버섯 귀엽게 달리며 시조를 친다
훌훌 털고 일어날 때가 된건가?
이젠 날개짓 할 때가 된게야

봄바람이 분단다
산 넘어 샛강에 돛이 올랐단다
생강꽃 총각, 진달래 처녀 배에 올랐단다
좀 전 산까치가 귀 띔 했음이다

생육, 생동의 축제를 위해 정령들 뒷간 뒤져
기름진 자양분 숲 식구들에게 나눠야겠다
자작은 행복해질 것이다
설화 눈물 흘리니 목 축일 것이고
처녀 총각들 입장하면 자신의 넋魂이 담긴
피부를 태워 화촉도 밝힐테니

이젠 은백의 빛으로 숲 밝히기 위해
옷을 지어야겠다
하얀 은실로 한 땀 한 땀 수놓아
한 벌 지어야겠다

※아리아: 숲의 요정

봄처녀 꽃바람 난 소리

들쑥이 쑥쑥쑥 자라는 소리
풀향기 풀풀풀 날리는 소리
봄처녀 치마자락 살랑이는 소리
봄바람 잠 확 깨는 소리
연둣빛 싹 간지르는 소리
꽃망울 성전에서 기도하는 소리

들쑥이 쑥쑥쑥 어깨짓하는 소리
풀향기 풀풀풀 노래하는 소리
봄처녀 물 오르는 소리
봄바람 불둑거리는 소리
꽃망울 님 맞아 성전문 여는 소리
만물이 신명나서 장단 맞추는 소리

소리소리소리
봄처녀 꽃바람 난 소리

내 사랑 울보

지나치는 것들은 그냥 지나치게
다가오는 것들은 그냥 다가오도록
마음을 열어두는 것

거짓은 거짓이라 말하고
진실은 진실이라 말하고
좋아하면 좋아한다 말하고
이왕 하는 사랑이면 죽을만큼 사랑하는 것
그래도 외롭거나 간절하면
고요한 시간
눈물진 미소 지어보는 것

산다는 건 산다는 건
그런 것
울보 마음 같은 것

사랑한다는 건 사랑한다는 건
그런 것
울보 마음 같은 것

노숙자

소매 바깥으로 내민 손이
예전에 펜대를 잡은 듯 가지런하니
두 손을 모아 내민 손이 세월이 묵어 보이니
꽤나 노출이 길어 보이는 노숙이었을 것이다

구걸을 위해 내밀어 보이는 맨손이
부패한 세상에 오래 노출되어서인지
땟국물이 흐른다
더께 낀 맨손이 행인들이 동전을 얹어주자
이미 숙련된 사유인 듯 타고난 사유인 듯
코브라 먹이를 잡아채듯이
지폐는 주머니로 동전은 깡통으로
분리 소화된다

저렇게 잽싼 속도로 시간도 공간도
생각도 흘러왔을 것이다
누군가를 좋아하고 살을 섞고 헤어지는 것도
저렇게 잽싸게 분리했을 것이다
늘 맨손이었을 것이다
이별하고 길을 잃은 기러기가
먼 산을 바라보다 헛디딘 슬픔을

품속에 묻고 혹독한 삭풍을 견디었듯이
맨손을 소매 속에 묻고
노숙의 비애를 견디었으리라

밤새도록 훌쩍이던 삼양라면 박스집이
출근하는 발자국 소리에 자명으로 울릴 때
익숙한 맨손으로 인심을 호소하러
길목을 지키려 나섰을 것이다
낮달이 하루를 살아내고 사선을 넘어가면
하루를 거둬들인 맨손이
꼬랑내 풍기는 박스집으로 돌아와서
빵봉지 던지면 서럽게 주린 것들이
포만의 행복을 느꼈을 것이다

사랑의 새벽 기도

여명을 밝히기 위하여
칠흑같은 미명이 숨을 죽이니
작금의 세태도 암흑인 시간
주님이 허락한 그루터기 앉아
두 손 모아 묵상의 기도를 올립니다

-시작을 위하여
-성찰을 위하여
-자각을 위하여

믿음의 자손이
사랑하는 사람을 위하여
모두를 위하여
여명이 밝히는 고요한 시간
경건한 기도를 올립니다

나라는 존재의 영靈부터 맑게 하소서

국태민안國泰民安하게 하소서

가족들이 건강하고 행복하게 하소서

우리 모두 사랑이게 하소서

자각의 눈물

칠흑같이 어두운 새벽
배갯머리 눈물 젖는 시간이면
떠오르는 환영이 있습니다

고요한 시간 무릎 꿇고 두 손 모아
한 자락 남은 애련愛戀의 등을 걸고
묵상의 기도를 올립니다
깊은 성찰에 이유,
시혼詩魂으로 붓을 들어 홀로그램에 접속합니다

사랑하는 사이라도
생각에 다름이 있다, 라는 생각을 합니다
다름의 간격을 좁히는 것도
간격을 좁히려면 배려와 희생이 따르는 것이라,
성찰한다, 입력합니다

자각에 날을 갈아
성정에 메스를 댑니다

햇살이 드는 연못
사무쳐 목메인 환영,
떠도는 부초의 눈물 되어
물빛으로 내립니다

중력

인간이나 동물이나 식물이나 이세상에서
제일 힘들게 인내하고 있는 것이 있다
무엇일까?

꽃잎이 떨어질 때
제일 고통스럽게 인내하고 있는 것이 있다
무엇일까?

남녀 한 쌍이 사랑을 할 때 심장이
하늘과 땅을 오가며 제일 힘들게 인내하고
있는 것이 있다
무엇일까?

비연

지나간 그리움을
애써 잡으려 하지 말자

흐르는 시간 속에
묻어 두자

그리고 지금
내 앞에 멈춘 것들을
죽도록 사랑하자

주점에 들러 목이나 축이세나

별들의 슬픈 눈빛이 같을 수 없듯이
연민의 빛깔이 고통의 채색이
같을 수 없지요

천하를 둘러봐도
산자락 뼈마디 하나하나
물 한 방울
풀 한 포기
꽃 한 송이까지도
존재의 아픔을 견디며 태어나고
자라지 않은 것들이 없듯이
그대와 나 잠시 동안
밝은 빛 어둠의 빛 섬기다가 가는 것

빛으로 왔다가
바람으로 사라지는 생
딴다고 잡히는 별빛이리까?
저기 산란하는 윤슬 속
요정이 내 것이 되겠는지요?

저 안개처럼 조용히 흐르다가
목 마르면 홍등 가물거리는 주점에 들러
주모 치마자락에
매화나 몇 송이 쳐주고
목이나 축이고 가세나

얼쑤
그러세나

세상이 왜 이리 시끄럽고
사는 것이 힘이 들꼬

얼쑤
한 잔 치세나

참이슬

왜 인연을 끊자끊자 하십니까
왜 밉다밉다 하십니까
임의 향기에 취해
임의 뜨거운 입술에 취해
목숨 조차 아깝지 않을
내 사랑이십니다

인생의 목적

인생의 목적은 무엇일까?
이렇게 사유해 보자

생각은 현실의 씨앗이고
절망은 희망의 뿌리이며
실패는 기회의 줄기이고
한계는 비전의 잎이기에
끝까지 인내해야 꽃을 피운다

허나 그 꽃마저 져야 열매를 맺는다
인생의 종국적인 목적은 열매를 맺는 것이다
삶은 피고 지고 맺고, 피고 지고 맺고하는
찰나 같은 목적을 연속하다가
태어난 원소의 고향 우주로 돌아가는 것이
큰 목적일 것이리

여기까지 잘 오셨습니다

그대와 나
수많은 고난 건너고 넘어
여기까지 견디고 살아서 잘 오셨습니다
유난히 힘들고 위태로움이 많았던 인생길
아무도 우리 말엔 관심 없어 보이고
도무지 해결할 기미도 안보일 것 같던 사건 사건들
하지만 지옥같던 고통의 순간 순간들도
지금 이렇게 지나가고 있습니다

그대와 나
마음이 찢기우고 아프다 해서
그것이 전부가 아닙니다
지독한 고독과 혹독한 외로움 떨쳐내고
하늘처럼 열린 가슴으로
바람처럼 쓸어 안는 몸짓으로
닿을 듯 아른거리는 그리움, 사랑, 행복
다 잡으셨으면 합니다

그대와 나
방황의 길이 시련의 길이
잘못된 길이라 말할 수 없습니다
여기까지 잘 살아 오시었으니
이는 신의 축복입니다
고생 많으셨습니다
감사합니다
위로와 찬사를 드립니다

이모티콘

제가 누구냐고요?

제 이름은 이모티콘이에요

주인이 부르시면 즉시 또르르 나옵니다

당신의 공식 마스코트예요

그대 심혼의 심부름꾼이자

귀여운 마스코트지요

앞으로 절대적 아이콘이자

귀엽고 깜찍한 켈릭터

천방지축 좌충우돌 마스코트인

저를 사랑해 주세요

사람 냄새

이보셔요 세상 사람들아

자식도 품안에 있을 때 예쁘고
형제도 어릴적 손잡고 다닐 때가 좋고
배우자도 젊을 때가 어여쁘고 멋지다
벗도 형편이 비슷할 때가 진정한 벗 아니던가
돈만 알아 처절하게 살아도 세월은 가고
조금 모자란 듯 살아도
손해볼 것 없는 인생사 아니겠나

속아 줄줄도 알고 져 줄줄도 알아야지
내가 믿고 사는 삶을 살고 싶으면
남을 속이지 않으면 되고
남이 나를 미워하고 싫어하면
나 또한 가까운 사람에게 가슴 아픈 말 한적 없나
돌아보며 살아가야 하지 않겠나?

이보셔요 세상 사람들아

방이 천 칸이라도 누워 잠 잘 때는
방 한 칸이면 충분하고

좋은 밭이 만 평이 되어도
하루 세끼면 살아가는데 지장이 없는 세상이니
멀리있는 친구보다 지금 그대 앞에서
세상 사는 이야기 들어줄 수 있는 친구가
진정한 친구가 아니겠나?

어찌보면 세상을 살아간다는 것이
그리 자랑할 것도 없고
욕심에 쩔어 살 것도 없고
그냥 오늘 하루를 선물 받은 것처럼
최선을 다해 사랑하고 감사하는 마음으로
돌아보며 살아가야 하지 않겠나?

어머니, 어머니

무의식 상황에서도 주여, 주여 하신다
자식놈들은 몰랐다
어머니가 이십 년 다니셨다는 군포 소재
더 드림 장로교회 박목사 내원하여
기도하면서 말한다
십오 년 전 개척교회 때부터
권사님이시라고

자식놈들은 전혀 몰랐다
어머니에 관해선 관심이 없었던
천하에 불효자식놈들,
항상 낮은 자세로 겸손하신 어머니, 어머니
피눈물이 앞을 가린다

무의식 세상에서도 주여, 주여
아버지, 아버지를 부르시며
가쁜 숨 몰아 쉬시기에 어머니 귀에다 대고

"어머니 둘째왔어요 눈 떠 보세요"

가지끝 파르르 떠는 마지막 잎새의 눈

가냘프게 뜨시더니
내 얼굴 보시더니 눈물 주르르 흘리신다
가냘픈 숨 몰아쉬며 하시는 말씀

"며느리 어딨느냐 어여 데려와라"

나는 눈물을 쏟으며 고개를 떨궜다
차마 이별했습니다, 말씀을 드릴 수가 없어
겨우 용기내 드린 말씀이

"네 연락했으니 오고 있을 거예요
그러니 한 숨 주무셔요 어머니"

가쁜 숨 몰아 쉬시다 또 혼수 상태로 돌아가신다
그러시다 엄니, 엄니를 찾으시는데
나로선 외할머니시다
어린 시절로 돌아가신 것이다
청순했던 소녀 시절,
그 시공으로 타임머신 타고 돌아가신 것이다
아야, 아야 하시며 아프시다 끙끙 앓으시는 모습이
세 살 먹은 어린아이시다

팔 남매 먹이시고 기르시고 가르치시고
밥상머리 교육, 책상머리 교육하신 어머니
이젠, 다 내어주시고 다 비워내시고 소진하시고
생生이 시작된 점,

그 점으로 되돌아 가시는 것이다
생의 경계에 서서 찢어지는 가슴 부여잡으시고
그 문턱 넘으신다
현상계를 넘어 인식의 문을 통과히시어
피안의 세계, 절대계로

어머니 가시는 길
다 비워내고 가시는 길
그래도 조금은 남아있어 가슴 한 켠
아직도 틀어 쥐고 계시는 한恨, 그 한을 놓으시고
연민, 그 연민을 놓으시고 가십시요
어머니, 어머니

진실한 기도

사랑을 위한
진실한 기도를 하게 하소서

사랑한다는 말이
부끄럽지 않게 하소서

헌신의 사랑 처마에 걸린 보름달처럼
곱게 물들게 하소서

가슴은 겸손한 사랑으로
가득 채우게 하소서

사랑하는 사람과 평생동지로
한 길을 갈 수 있는 단 한 사람이게 하소서

[샘터 어록]

사랑은 겸손, 겸허해야 하며
사랑한다는 말이 부끄럽지 않도록 하는 진실함이 발현 되어야
비로소 참된 사랑이라 할 수 있다

자귀나무꽃

발정난 공작들의 애정 행색인가
하안거 천사들의 교교한 날갯짓인가
궁정발레 무희들의 집단 군무인가

촉촉이 젖은 오작교마다 펼쳐놓은
직녀의 무지개 춤사위

첫날밤 눈길을 안주는 새신랑 앞에서
색동치마 들썩이는 새색시

합환주 몇 잔에 얼큰한 밤이 운다
격정의 광풍이 불어온다
부부금실로 짠 화관이 파르르 떤다

선경의 추억, 소쇄원

계절이 가을을 향한다

소쇄원 맑은 물에 귀를 씻고
동산 밝은 달에 눈을 닦아보는데
쉼없이 흐르는 사계四季가 야속도 하지만
다가올 꿈들도 기다려진다

어제는 갑자기 바람이 불고
먹구름 비를 뿌렸는데
오늘 아침은 하늘이 투명하고
햇살이 눈부시게 밝았다

아무리 생각해도
돌팍에 앉아 불어 오는
바람소리 새소리에 맘 빼앗기던
그때가 선경인 듯하다

오늘의 나도 내일엔
그리 아름답게 기억할 수 있을까?

제월당 대청마루에 앉아
높아진 하늘을 보는데
그 사이 무심코
추억의 노트 속에 묻어 두었던
그 사람이 생각나서
매기의 추억을 흥얼거렸제

사람 마음은 도무지 모를 일이다
왜 이토록 좋은 시간에
잊혀졌던 그 사람이 생각나고
그 노래를 흥얼이는지, 맘이 허전해 지는지
알다가도 모를 일이다
정말 모를 일이여

희망의 나라

안타까운 청춘들이
고단한 숨 몰아 쉬는 현실
이들의 미래가 보이는가?
날선 정의의 깃발이 부데끼던
우리의 대한민국

헬 코리아의 판도라가 까발리면서
미래 동량들 꿈이 돌아눕고
촛점 잃은 실직 청년들 신문고 소리
핏빛 칼춤을 춘다

권력과 재벌 집단에 해괴한 빅딜
부패한 카테고리 뒤 기괴한 야합의 미소
신음하며 깨지는 국가 살림살이
영혼 없는 강시 권력의 광대놀음에
상자곽 민초들의 촛불 원성 대기를 찌르고
중력 잃은 하늘이 내려 앉는다

미명微明이 등을 거는 새벽녘
지하철 후달리는 소리 어둠을 휘젓고
부패한 잡탕 쓸어 담는

청소차량 유압 소리 아침을 깨우고
샐러리맨들 철푸덕거리는
출근 소리 덜 깬 잠을 깨운다

산란하는 날선 햇살
독선과 무능한 부패의 먹장구름 걷어내고
불끈한 외침으로 희망을 소원하니
다시 태어나라
나의 조국

잃어버린 세계를 소환하라

흔적의 씨줄이 설풍에 휘날리고
흰 북실이 출렁인다
흰 무명 피륙이 켜켜이 쌓이는 대지에
희득희득 눈발 먹인 햇살
덕지덕지 덧칠을 한다
상고대 설화雪花는 추억을 호출해
촘촘한 나노칩 꽃눈에 입력을 한다

그리다가 지워져버린 얼굴도
부르다가 떠나보낸 이름도
얼어붙은 시린 아픔도
달빛 쌓이고 쌓인 그리움도
다운로드 한다

눈 덮인 숲에서는
나와 마주할 수 있는 나만에
오롯한 시간이 주어지기도 하고
또 다른 나를 만나기도 하고
그리운 사람을 부르기도 한다

은백의 달빛 내리는 밤
눈꽃이 춤추고 바람이 노래하는
월백소야곡 즐기다가
완성도를 높여 저장해보자

숲속 요정이 잘 가꾼 달꽃에도
광야의 전설이 모종해 키워낸 별꽃에도
질화로 같아 따뜻하게 접속할 수 있는
그대 가슴 속 플랫폼에도
하얀 추억을 입력해 언제든지
소환해보자

시인의 산책

격정의 가을빛
사색의 숲 붉게 물드리지

붉게 달궈진 가을 숲
홍엽이 날리지

시인 산책길 걸으니 속삭이는 홍엽
친구가 되고 싯귀가 되지

날개 돋친 홍엽 시어 되어
머리 위 날아다니지

산새들 날리는 시어
입에 물고 낭송을 하지

아가 다람쥐
귀를 쫑근 싯귀를 듣지

시인은 싯귀 모아 설화 피면 들려줄
가을 사랑이야기
선홍빛 잉크로 써 내려가지

홍옆 갈피 끼우고
갈색 넝쿨 엮어서
장식을 하니
그대에게 선물할 가을이 되지

[샘터 어록]

사색은 현대인에 필수불가결한
정신수양이다.

사색을 하면 사유하게 되고
상념의 중심의 자신이 있다는 걸
자각하게 된다.

사색은 자아를 찾아
정체성을 회복하고 치유하는
힐링철학이다.

공원 벤치

바람의 쓸린 빈자리 쓸쓸하다
멈춰버린 시간들
상처받아 아파하는 상념들
주인없는 벤치의 주인이다

가을은 치유 못할 이별가를 부르고
갈바람 칼질에 목이 댕강 잘려나간
잎새의 넋들이 우수수 눈물이다
주인 없는 벤치는 무덤이다

허전한 가지가 웅웅거리니
나무의 심장이 저리고
저들의 무게에 계절은 자리를 비운다
주인없는 벤치가 쓸쓸하다
가을이 간다

2부
나는 이들을 신이라 말한다

기적

세상의 입들은
세상은 우연히 만나서 필연이 된다고
우연의 법칙이 계속된다고
우연과 필연의 함수관계는 계속된다고
설왕설래 구설口說이다

이런 설득력 떨어지는 구설은
돌팔매 맞을 돌팔이들의 말놀이일 뿐이다
세상 천지에 우연은 없다

우연처럼 보이는 만남도 사실은
오랫동안 준비된 기적이다
다만 우리들이 알아 채지를 못하는 것은
신처럼 기적을 읽고 쓰는 권능이
인간한테는 없는 것일 뿐

늘 기적을 만나기 위해 준비하라
오랫동안 만나는 준비를 하라
갈고 닦고 섭렵하라
배려하고 용서하라
위로하고 치유하라
필연코 기적을 만날 것이다

장마

한 치만 보여도 된다
한 치 후퇴는 두 치 전진이다
보일만큼만 보이면 된다
그만큼만 가면 된다
소원이다

언제 저 높은 하늘이
산하를 측은한 가슴으로 덮을 수 있는
아량을 가졌던가?
기적 같은 도발 따위가 있었던가?

오늘도 하늘은 할 말이 막히면
중력의 임계점을 침탈하고
아리송한 윽박질로 서정을 훼손하고
낭만을 앗아간다

나는 이들을 신이라 말한다

이들은 대단한 신들이다
이슬 한 방울 속에 하늘을 모시고
들꽃 홀씨 한 알 속에 우주를 모신다

나, 라는 존재가 미약할 때는
가녀린 존재로 보였지만 세월이 묵었다
이들이 대단한 존재라는 걸 이제야 알 것 같다
신들만이 권능을 가진 줄 알았다
대단한 신들이 따로 있는 줄 알았다
우주가 따로 있는 줄 알았다
천국이 따로 있는 줄 알았다

나는 감히 말한다
들꽃이 우주를 담을 수 있는 시공이다
이슬이 하늘을 모실 수 있는 시공이다
사람이 소우주요 하늘의 자식이다
사랑이 곧 천국이다

사랑의 맹세

내 것, 네 것이 아니다
긁적이는 글씨가 아니다
낙서된 종이가 아니다

처음 맘으로 살아야 한다
힘들어도 늘 초심으로 돌려야 한다
맹세라는 것은 목숨을 건 도박이다
남의 맘속에 찍는 도장이 아니다

약속과 결맹한 맹세는
맘속에 긋는 하나의 큰 획이다
맘속에 찍는 하나의 큰 점이다
맘속에 새겨지는 낙인이다
영혼 속에 빛나는 별이다

감탄사

그대와 인연이 되어 살아가는 것이
거역할 수 없는 신의 명이라는
엮임이라는 확신이 든다

많은 시간을 함께하다 보니
우선은 그대를 만나서
내가 살고 싶어졌다는 것이고
다음은 잠깐 잃어버렸거나
잠재 수납장 속에 처박아 버렸던
부드럽고 예쁘고 품격 있는 품사들을
당신이 꺼내서 깨끗하게 씻고
행주로 잘 닦아서
다시 사용하게 한다는 것이다

와우, 브라보
와, 넘 아름다워요
와, 시향이 너무 좋아요
와우, 신기해요
와, 당신은 천재예요
워매, 최고예요
와, 당신은 천사예요

와, 공주님 예뻐요
오잉, 고마워요
어메, 미안해요
와우, 사랑해요
오구오구, 당신 밖에 없어욤

세상에 이렇게나 많은 행복한 랑그들을
사랑의 언어들을 그대가 꺼내줘서
사용하게 될 줄은 몰랐다
그대 따뜻한 품에 안기니 학습이 된다

대한독립만세

한참을 가다
아니다 싶을 때
다시 돌아서서 뛰어서
제자리로 가기까지
천 년이 걸릴지도
만 년이 걸릴지도 모른다는 것을

저 함성이 하늘을 찌르고서야
하늘이 내 심장을 찌르는 순간에서야
그때 그때서야
알았다

야화夜花

고요한 풀섶 신묘하다
달빛 촉촉한 물안개 여울목 소리없이 넘는다
저 멀리 홍등 흔들림 요요하고
술 독아지 누룩 익는 소리
누룩 박粕 터지는 소리
누룩 분칠하는 소리
야화夜花 피어나는 소리
지나는 시객 한삼자락 부여잡으니
술맛이 당긴다

거나한 취기에 눈빛 흔들리는 묵객시인
여인의 치맛자락 펼쳐놓고
붓 끝이 휘날리니
흑매화 피어오르고 벌 나비춤을 추니
입에다 묻고 눈에다 묻고
가슴에 묻으니
격정의 사랑 파르르 요동치고

이 밤 다시는 못 올지도 몰라
이 꿈 다시는 못 꿀지도 몰라
이 꽃 다시는 못 필지도 몰라
달빛에 흩어지는 물안개처럼
저 들판에서 흩어지는 바람처럼

담양 장날
- 영산강변의 풍경

실개천 굽이쳐 흐르는 여울목
차고 오르는 오색 버들치 떼
수중 징검다리 걸터앉아
장 보러 가는 완동 처녀들 치맛바람에
오색 꼬리를 흔든다
능수버들 간들거리는 허리 춤사위가 열리는
담양 장날 죽물전 길

여름 내내 물속에 잠긴 섬 뺏기
대사리 말조개 캐기
어항으로 피라미 유혹해 잡기
작살로 붕어 잉어 찍어 잡기
족대로 메기 장어 몰아 잡기
파랗게 질리도록 물속에서 살았네

펄펄 끓는 황금모래밭
모래찜하던 누나의 여름이야기
땡볕 솔솔솔 밀어내는 가을바람은
수선화 꽃술 차르르 빗어 내리네

물수세미 빛깔 고운 개울을 건너
은쉬리 떼, 황쏘가리 떼 물빛 난장을 치고
물꿩 새끼치는 습지 갈대밭
난장치는 햇살이 빗어 넘기는
황금빛 윤슬 스러지는 소리에
담양장날 죽물전은 파하고
낙오된 댓잎 갈바람 넋살魂撒에
물수제비를 뜨네

미리 쓰는 반성문

서툰 사랑이 싫다
돌아서면 핑곗거리가 많아

게으른 사랑이 싫다
앉아서 상상 거리가 많아

이기적인 사랑이 싫다
혼자만 울거리가 많아

이젠 아픈 사랑이 싫다
너덜해진 가슴이 더 이상 담을 수가 없다

이젠 슬픈 이별이 싫다
상한 마음에 피눈물이 고이기 때문이다

능숙하거나 익숙지 못해도
게으르거나 이기적이지 않는 사랑
너덜해진 가슴 서로 기워주는 사랑
피눈물을 서로 닦아 주는 사랑
초연하고 맑은 사랑으로 살으리

비요일의 우체통

꿈결이 날개가 돋친 듯
자꾸 근질거린다
알고 보니 사연이라는 라임이
할 말이 있다고
편지 속으로 쏙 들어온 것이다

편지를 부치고
눈물을 찍어내고 있을 때
옷비가 지짐거리고
빨간 우체통은 자꾸만 쿵쾅거린다
사연이 많은 것 같다
어떨 땐 따뜻한 숨으로
그녀의 심장소리를 들어줘야겠다

정의로운 민주주의

다수의 국민은 한 번 해보라
집권세력에게 헤게모니를 실어줬다
건전한 다수의 보편적 소망이 설득력을 얻었다
그러나 다수의 독주가 독이 되어서는 안 된다
소수의 견제가 약이 되어야 하는 절실이 요구된다

대한민국 국회가 다수의 바람이 문제인 것일까
소수의 흔들림이 답인 것일까
다수든 소수든 휘몰아치는 폭풍우에
너구리 물길에 집 짓듯 장벽을 쌓는다면
민심 이반이 반발을 도발할 것이다
하늘이 아는 거짓일까?
손바닥으로 하늘을 가리는 어리석음으로
천심을 거스르며 반대로 가고 있는 것일까?
이치를 거스르면 패하고 마는 것이고
이치에 순응하연 성공하는 것이다

땅이 알고 하늘이 아는 진실은
민심을 보듬고 바로 세워서 가야하고
날선 정의로 가야 하는 것이다
산 높고 골 깊어질까 두렵다
민심을 거슬리며 천심을 져버리면
뿌린대로 거두는 섞은 과실만이
열릴 것이니 부디 숙고하라

웃음 총량의 법칙

웃음보따리가 꽃 피듯 터지고
포복절도를 하다 배꼽이 빠지면
한숨 자지러지는 것이다
그럴 때쯤이면 옆 화단에서
어이없어 환하게 찡그러지는 꽃 앞에 서는 일이
그리 어색한 일인 것만은 아닐 것이다
그 꽃의 비아냥이 그저 인간을 관조하는
자연의 단순한 사유일까?
인간들의 기쁨을 꿰뚫어보는 것일까!
인간들의 비애를 쓴웃음이라도 지어
위로하려는 것일까!
어디 웃음뿐이랴
인간의 심리에 관한 논문도 쓰고
시도 치고 박제도 할 것이다
세상을 싸맨 보따리가
마냥 웃음보따리일 수만은 없을 것이다
그 속에 녹아든 아픔이 클수록 비애가 클수록
신이 주는 선물이 배가 됨을 꽃은 알 것이다
꽃은 자신을 안아주려는
무수한 인연들의 어깨를 빌리는 것이다
혼자 피어 홀로 웃기도 하지만
가끔은 자신과 인간이 같이 웃기도 하는 것이
신명나는 일임을 알 것이다
모두가 함께 웃는 세상임을 깊이 알아갈 것이다

당신을 사랑하세요
- 나르시시즘

뭐 별거 있나요
미움도 용서도 사랑도 진심으로 품어요
벽장 속에 그대가 보일 거예요
고독한 영혼을 안아주세요
-사랑하세요
-대화하세요
소중한 선물을 얻을 거예요
세상에서 가장 예쁜 별 하나
세상에서 가장 달콤한 꿈 하나
세상에서 가장 아름다운 소통 하나
바로 그대예요

뭐 별수 있나요
원망도 증오도 아픔도 강물에 흘려요
어항 속에 당신이 보일 거예요
가련한 영혼을 안아주세요
-사랑하세요
-구해내세요
소중한 행복을 얻을 거예요
세상에서 가장 예쁜 꽃 하나
세상에서 가장 달콤한 시詩 하나
세상에서 가장 아름다운 인연 하나
바로 당신이에요

자궁

비워버린 심연 속에서
정지된 그 무엇들이 한 곳으로 꽂힐 때
몰입된 무아無我는 밤길 이슬처럼 어디론가
그 무엇을 찾아 길을 떠나고
고요 속 생명의 울림들도 치열하게 길을 찾는다

표표히 흐르는 그리움은
일렁이는 부초의 흐느낌으로 다가오고
낮게 내려앉은 고요는 새 소리에 묻치기 전
어둠 가르고 핏빛 울음을 토한다

비우고 또 비워 가벼이한 끝이 없는 길
낮은 겸손이 굴할 수 없는 순리의 순응으로
진실한 사랑의 채움으로 도도히 흐르다
무아 속으로 스미는 넌,
별들이 꿈꾸는 태초의 밭이더냐

3부
천 년의 사랑

죽음, 그리고 최후의 발악

막장幕場드라마가 절정인 만추
붉게 태워 마지막 격한 숨 토해내는
만산홍엽 오소소 날리는 숲을
나는 추마秋魔를 타고 죽음을 향해
처절히 걷는다

가을 마귀에 씌워 어딘지 모르고
비몽사몽 가는 길이라 숨이 턱턱 막히지만
사선死禪으로 내리는 한 줄기 햇살을 향해
막장을 향한 끝장의 문을 열려한다
가을이 제 일신一身을 태워버리듯
나도 태우려함이다

막장의 문을 열었다
끝장의 끝,
숲 속에 송송송 솟이오르는 샘,
원천源川 만나 목을 축였다
시원하다,
처절한 사투가 멈춘다
희망인가?
과거 내 모든 영혼을 지배했던 마법에서
벗어나려한다

붉은 심장으로 쓴, 가을의 전설

청량산 가는 길이 후끈거리고
아장아장 갈빛 눈 속으로 걸어 들어오는
애기단풍이 뜨겁다

하늘다리 향해 오르는 늘솔길 중턱쯤 오르자
청량사 또아리 틀고 앉아 목탁을 두드리니
천오백 년간 설잠 주무시던
원효대사가 벌떡 일어나 합장하시며
반갑게 맞으신다

청량사 오층석탑 아래서는
서러운 눈물 흘리며 삼천 배를 올리는
여인의 가슴이 범종을 두드리자
쇠북도 같이 울고
목어가 팔딱이자 온 절간이 아수라다

원효대사 헛헛한 웃음 지으시더니 말씀하신다
자신도 사랑 땜에 천만 배를 올리고
절간 소나무가 애기 때부터
어엿한 천년송이 될 때까지 탑돌이 하셨고

어느 날 그 어느 날
애기단풍 초경하던 가슴 뜨거웠던 어느 날
암자가 와르르 무너지고
범종이 와장창 깨지자
피바람에 가슴 찔리어 천지를 물들이니
사랑도 천년사직千年史職도 떠나고
쇠북도 천 년을 울었다 하시며
피곤해서 또 천 년간 쉴터이니
천 년 후 깨우라 돌아 누우신다

빈객, 스님 뒤통수에 합장을 하고
국운과 민초들의 평안을 빌며 길을 나선다
햇살 채질債迭하던 천년송 솔솔솔 마중나와
늘솔길 열어 재끼니
백학이 춤추는 사랑놀음 밑으로
바람 난 바람 품에 꼭 안겨 요요姚搖거리는
하늘다리 눈썹에 걸린다

찰나의 격한 불꽃들
황홀한 풍경으로 병풍 촤르르 두르자
애기단풍이 영원이 타 오를 처녀되어
빈객賓客 가슴을 후린다

월계

늦여름 자락
하늘빛 월계화月季花 향기
이른 갈바람에 실려
코 끝을 스치고

가을빛 그리워
길 재촉하는 나그네
발길을 잡는구나

※월계: 야생장미

천 년의 사랑

나 하나의 사람아
오늘 하루를 한평생 같이 살고
영원히 살 것처럼 꿈 꾸어요
한 빛 한 꿈으로 살아요
우리 그렇게 천 년을 살아요

둘도 없는 사람아
오늘 죽을 것처럼 오늘을 살고
하루가 영생永生인 것처럼 배우며
다 불사를 것처럼 뜨겁게 사랑하며
한 마음 한 몸으로 살아요
우리 그렇게 천 년을 살아요

눈 먼 사랑

순간적으로 햇살이 강렬하게
내 눈을 찔렀지
그때 아무 것도 보이지 않았지
잠시 눈이 멀었던 거야

내 사랑은 그렇게 왔지
그 사람 처음 내 눈에 확 들어 온 순간
저 만치 떨어져 있었지만
순간 눈 앞이 환해지는 것을 느꼈지
아무 것도 보이지 않고 그 사람만 보였지

그 감정으로 인해
인생이 뿌리까지 흔들리게 될 줄
꿈에도 생각 못했지
눈이 멀어 버린 장님이 된거야

한 잔의 추억

그대 사랑 내 가슴 와 닿아요
가슴 한 켠 그리움 가득입니다
그대 연서 보는 순간 울먹입니다
이밤 하얗게 지새우려구요

보고 싶어 가슴 요동치는 밤
그리운 마음 다 잡을 수 없어
이슬 반 눈물 반 휘휘 저어
한 잔 드리키지요

또 한 잔 말아 흔들자
일렁이는 그대가 알딸딸
취한 미소로 다가오네요
쭈욱 드리키지요
잔 술 속 그대 마시니
촉촉히 젖어요
영혼 속으로

무명화

별빛 축이며 눈물짓는 꽃이
별바라기 꽃이
비련悲聯의 몸살을 앓고 있을 때
사랑은 깃발 흔들고 다가가
꽃샘에 고인 물 길을 열어 놓으면
물빛 띄워 천년 사랑 이야기
밤샘 들려 주지요

산자락 너럭바위에 털썩 주저 앉아
가냘픈 숨 몰아쉬며 살고지고
달을 짖고 이슬치며 피고지고
산야라 좋아라
여울이라 좋아라
아라라 좋아라
바람처럼 구름처럼 허욕없이 살고 지는
설화가 주렁주렁 한 무명이야기
천 년은 들려 주지요

비애悲愛가
아름다워 전설이 된 꽃

편지 위에 핀, 수련화

목이 메이고 마음이 황량하니
가을빛이 줄어든다
조락凋落이 아파하고 낙조는 눈빛 떨구니
어이 견디리

타임머신 영사기는 돌아가고 파노라마가 흐른다
황매화 옷고름 풀어 젖히고
날치떼 물빛 수제비 뜨는 사이로
젖은 그리움이 스친다

이별은 경계에 서성이다

"사랑해서 떠납니다"
편지를 띄우고

답장 못받은 여백이 펄럭이며
거친 바람을 맞고 있다

시인은 손을 뻗어
바람 속 여백에 답장을 쓴다

"보고 싶다
그대가 보고 싶다"

쓰고나니
응축된 세월 만큼 눈물이 쏟아진다

편지 위에 끝없이 내리는 눈물
눈물꽃으로 피어나니
그대 닮은 수련화 같아 어찌나 예쁘던지
사무치게 운다

[샘터 어록]

그리움이란
사랑의 상실감 속에서
느끼는 고독하고
애절한 몸부림이다

홍매화 연정

영산강 줄기 따라
간아당 물빛 선율 따라
그윽한 선홍색 젖가슴
살쿵 젖히는 소리

촉촉한 초경 햇살에
유두꽃 수줍은 누이처럼
저고리 벗기는 발정 난 바람에
달싹이는 야릇한 내음이여
정염情炎의 여인이여

설원의 비애가 서러웠고
여울 앙금 해빙이 살가운 날
설화는 전설이 되었나니

종달이 새끼 치는 양지바른 둔덕
냉이 향 코를 스치고
아지랑이 잘름거리는 날
격정의 붉은 사랑 아름다우니

홍단치마 출렁이며
꽃신 신고 오는 여인
새각시 홍매여

열정 프로세스

사람은 마음 속에서
정열이 불타고 있을 때가
가장 행복할 것 같다
열정이 식으면 사람은 급속도로 퇴보하고
무위하게 되어 버리지
타는 불꽃 꺼지지 않도록
열망의 혼심魂心 끝없이 불어 넣어보자

유년시절 어느 여름밤
하늘 나래울 꽃술의 푸른 불 댕겼었지
반짝이는 수많은 밤이 흘러갔다
별꽃이 시들해졌어
깜박 졸고 있는 중천의 파란 불
청송靑松의 끈적한 눈빛이 타닥 깨우는 밤

가물거리던 십팔 촉 백열등 필라멘트
세월이 연단한 돌을 문지르자
붉게 빛을 발한다
For ever

죽어서도 그대를 사랑하렵니다

홀연히 오신 그대
가슴 시린 당신 사랑했습니다
눈이 내립니다
하얗게 내려 앉은 하늘
눈썹 낮달이 외썰매로 미끄러져 갑니다

첫눈 눈빛 속에서
추억의 노트를 꺼냈습니다
첫 페이지 넘겨보니
함박눈이 끝없이 내리는데
당신의 뒷 모습은 멀어져만 갑니다
눈발이 스캔한 환영을 보니
언약은 사라져버리고
아린 이별만 시럽처럼 손에 쥐어지는데
왜 이리 시려울까요?

다음 페이지
그 다음 페이지
또 그 다음 페이지를 넘겨봐도
그 길을 걷고 있습니다
따뜻한 손 꼭 잡고 걸었던 길에

삭풍朔風 휘몰아 와 삭막한 은행나무처럼
내 가지에 옷을 벗기고 있습니다

경계가 지워져 버린 길을
벌거벗은 몸으로 걸어가고 있습니다
그대의 손길 절박함을 느끼며
사위어가고 있습니다
가슴이 찢어지는 고통을 느끼며
어둠이 출산하는 핏빛 여명으로
하얀 여백의 혈서를 씁니다

그대를 사랑했습니다
죽을 만큼 사랑했습니다
죽어서도 죽어서도
그대를 사랑하렵니다

향이 좋은 사랑

얼어붙어 쩡쩡거리는 가슴 열어 젖히고
마음 속에 있는 말을 섞고 싶은 사랑이
하나 있었으면 좋겠습니다

허한, 외로움에 지친 심정을 전하면
그래요, 하며
그대 곁에 있어줄께요, 하는
가슴이 따뜻한 사랑

어쩌지 못해 헤어지자 말하면
그렁그렁 맺힌 눈망울로 바라보고
희망의 무지개가 펼쳐지면 꿈을 꾸듯
행복해 하는 사랑

세상만사 힘들고 혼탁하여
표표하고 곤빈한 삶이지만
다도의 시간, 차 한 잔의 여유 속에
지친 몸과 마음을 다독이고

세상사 시름과 아픔을 같이하고
짐을 나누어 질 수 있는
배려와 신의를 다하여 마음을 안아 주는
단 한 사랑이 있었음 좋겠고

억겁의 인연을 말하지 않아도
필연의 논리로 설득하지 않아도
찻잔이 식어갈 즈음
온기와 향기를 불어 넣어
희망적인 인생을 말해 주는 사랑이면
참 행복하겠습니다

오늘은 향기로운 차 한 잔의 여유 속
그런 사랑을 꿈 꿉니다
향이 좋은 차 한 잔 같은
그런 사랑을

백조라 불러다오

사랑이여
그대는 이미 꽃중의 꽃
수련화보다 더
아름다운 꽃이라오

그대 물빛 타고 나래칠 때면
교교한 몸짓 부러워
수련화 호수만한 눈으로 바라본다오

하얀 눈꽃보다 더 하얗게 피어
물결 사르르 가르며
유영하는 꽃
그댄, 천사라오

이름 없는 벙어리 꽃

말 못하는 꽃이지만 키를 들고
격한 마법으로 다가가 꽃샘을 열면
오래토록 사랑한 이야기 보따리 풀어요
이름도 없고 말도 못하는 여인
여린 숨으로 밤이슬 치는

산이라 좋아라 물이라 좋아라
별꽃도 캐내어서 달 밭에다 모종하는
비련의 가련한 꽃
달빛으로 보드랍게 안아보자
아리동동 내 사랑
그대는 천생연분

꿈 속에서 피어난 사랑

미소가 아름다운 꽃
꿈결 속 몽롱한 물안개처럼
피어오르는 꽃
소망의 꿈들이 피워오르는
소원 하나에 행복 고이 담아
고개 내밀어 기다립니다

몽글몽글 서성이는 꽃이여
그대 꽃술에 내 영혼 불어 넣어
무아경 속에서 달삭입니다
기다림도 아름다운 축복인 것을

물안개 속으로 스미는 꽃이여
당신을 꿈 속에서 쓸어 안아
으스러지도록 꺾고 싶은
내 사랑 꽃입니다

메커니즘

인생의 꽃을 피워내기 위해선

그의 따르는
고뇌 고통 외로움
희생이란 자양이 필수적으로
수반된다

핵심은 사랑

별 바다

구름 한 점 없는 가을밤
우린 반짝이는 은하가 산란하는
별똥별이 셀 수 없을 정도로 떨어지는 걸 본다
유성우다
어린시절 생각했다
저 많은 유성우 떨어져서
어디다 강을 만들까!

인생을 살면서 도심 광공해와
미세먼지로 찌든 공해 때문에 별을 볼 수 있는
기회를 상실했었다
얼마전 강원도 심산유곡으로 여행을 갔었다
그때 운 좋게도 구름 한 점 없는
하늘을 볼 수 있고
초롱한 별들과 은하수를 볼 수 있었다
덤으로 둥근 보름달까지 볼 수 있었으니
그런 설레임은 사춘기 시절 첫사랑과 별을 헤일 때
느끼던 설레임으로 다가왔다
행운이었다

또, 생각한다
어린시절 유성우가 만들어 놨던
샛강이 어떻게 변했을까
오 십 년 동안 내렸으니 바다가 되었겠지
아니면 큰 강물이라도 되었으련?
그동안 수많은 추억의 표석들이
시공의 경계
사랑의 경계
그 어디에 톡 걸렸으련?
달빛 아우라 길 밝히니 은빛 가르고
쪽배 저어 찾아가 보련?

인생이란 아름슬픈 것이다
수많은 희노애락이 혜성처럼 지나갔다
치열하게 살았어
삶의 편린片鱗들이 유성우로 내렸다
유성우가 이룬 별 바다는
내 피골血骨이 흐르는 강이다

희망
-기억된 그리움

매서운 바람 목 놓아 울고 달빛 처연한데
경계 지워져버린 설원을
청동 별빛 따라가는 길손이여

설화 고독히 피어나고
도포자락 춤사위 백학과 어우러지니
천지 울리는 광풍이 붑니다

댓잎 서걱거리고
눈엽 날리는 천 년 설 대숲길에서
우수에 젖은 길손이여

쓰라린 기억은 북풍에 날리고
그리운 기억은 맹종죽 대롱에 담아
눈 쌓인 그대 뜰에 묻으오

남풍 불어오는 봄날,
묻어놓은 그리움 꽃대 올리고
망울질 것이니

우련한 꿈 속, 실개천 너머
부풀은 찰보리 해산 달 다가오니
종다리 풀피리 불어 댑니다

그대여 말 좀 해주요
햇살 헤죽거리는 봄날
그대 뜰에는
희망의 꽃 피는지를

----

*맹종죽: 대나무와 죽순대 속에 속한 제일 큰 대나무 종
        (인간 존엄, 득도, 상징)

*댓잎: 대나무 잎새(죽엽)
        (청렴, 절개, 정절의 존재 상징)

*대숲길: 대나무로 이루어진 숲길
        (자아, 사유의 길 상징)

라일락, 보라빛 꿈

송이송이 가득한
중독성 꿈이 흩날리고
보라빛 향취 톡톡톡 발사하며
잔인한 봄을 기습,
순식간에 허한 가슴을 제압하고
보라 물질 노미니케이션한다
심화된 보라빛 꿈이 흐르니
물빛은 바스라지고
영혼들 요동친다

고요가 숨 고르는 호반,
퍼풀 페로몬Purple Pheromone 한 그루
광란의 춤판이 벌어지고
보라빛 향락의 꿈 갈구하는
벌 나비 요란하고
리라 젖가슴 더듬이 질,
리라 입술 입맞춤 질,
격정의 파티가 벌어진다

희롱하는 카사노바 갈증난 사랑을 축이고
기꺼이 격한 아픔 허락하는 리라
세상은 온통 보라빛 꿈,
그녀의 젖꿀이 흐르는 보라색 천국이고
보라빛 추억이다

명자꽃

홍등불 걸어두고
오실 임 기다리니

마음이 설레임에
진홍빛 두 볼이네

어두운 밤이 내리면
불 밝히어 맞으리

아가 노루귀

그대는 봄의 선물인가
해빙이 살가운 날
언 땅 의연히 딛고 첫 울음 토해내는 핏덩이 아가
야
덜 자란 쪽귀 세워 봄바람에게
어미 젖 달라 보채는 아가야
푸릇한 내음 귀에 대고
대지의 심장 빨라지는 소리
새싹 물 길어올리는 소리, 듣는 너
양수 속 태초의 빛을 쫓아
날아 오른 너
외다리 하나론 춘설 감당할 수 없고
귀때기 하나론 시샘 추위 감당할 수 없는
여리디 여린 너
옷깃 져미고 다소 곳 시집 오는
동백아씨 저고리 헤치고
젖 달라 보채는 아가천사
안타까운 햇살 군불 지피느라
부지런을 떠네

매화가 사랑에 빠졌어

훈풍에 저고리 풀고
젖가슴 내밀어 봄바람 후리는 여인
부끄러운 미소 향 흘리며
살빛 유두 흥건한 짜릿한 유혹
촉수로 감아 쥔 햇살
어깨 위 맑은 이슬 덥힐 때
속 눈썹 허공에 매달린 그리움
시린 꽃 피우지

미풍 살랑이는 계절
늘어진 가지마다 빠알갛게 물오른 요요한 몸짓
터질듯한 젖가슴
새초롬한 입술 벙그러진 여인
불뚝거리던 바람 응큼 슬슬 옷고름 당기니
야릇한 눈빛 은밀한 속살 내음
단아한 옷고름 풀고
대궁 속 암술 톡 터뜨리지

설중매 봄 사랑

맷토끼 눈망울만한 함박눈
사락사락 내리는 추월산
산길 지워져 버린 등성이
북풍에 떠는 산처녀 어깨에
밤사이 설꽃이 피었네

설꽃에 폭 안긴 촌가시내
입술 벙글어지고 붉은 미소 흘리며
대궁 쭈빗 세워
님이 어디 오시나 탐색을 하네
하늘이 하얗게 무너져도
설풍雪風 다독이며
아슬한 독백이 애절하네

어디신가요
빨리 오시어요
이맘때쯤 오시는 그대
파릇한 어깨가 한결같은 온돌처럼
따뜻한 품속이 그립습니다
그대가 가물거리고 흰 눈 쉼없이 내리는데
속 맘 숨길 수 없어
산자락 등성이 서성이며 기다립니다
그대를 간절히

무명화가 피었어라

마녀 숲에서 불어온 거친 숨결이
잠들어 있는 그녀를 쓸어 안습니다
짜릿한 전율이 마법을 깨우고
망울진 그녀 백 년을 사랑할 것처럼
옷고름 풀어 제치고
나래 활짝 펴고
농염한 꽃살花身 내음 흩뿌리며
치명적 화향花香 흘리는 그녀

눈보라 쓸어간 나래울
아지랑이 서성이는 화원에서 그녀는 벌써
어여쁜 꽃으로 피어 났습니다
이름 없는 존재라도 좋으니
사랑하는 사람 곁에서 서성이는
한 송이 꽃이 되고 싶은 거지요

아, 목마른 꿈들이여
별이 잠자는 밤, 서쪽새는 바람 위에서
사랑을 기다리네
달이 잠자는 밤, 부엉이는 어둠 위에서
둥지를 치네

백 년을 피고 질 화원에서
달콤한 꿀을 치며 그대를 기다리니
그대 뜰은 이미 사랑이 잘름거리는
봄날입니다

시공의 사랑

이보오 선달양반
별 따서 온다더니 이제 껏 안오심은
어이된 변고시요
별 주점 걸터앉아 탁주 한 잔 치십니까

이보오 선달양반
도화살 발동한 주모 솟곳 더듬거려
은혜라도 하시는지
은하계 웜홀지나
블랙홀 초대라도 받으셨소

이보오 선달양반
별일랑 되었으니 시공간 차고 건너
이제 그만 오시지요
하얗게 타 버린 별똥별 내 가슴은
어쩔라요 어쩔거요?

이보오 선달양반
무한의 시공 넘어 맺어진 억겁 인연
별일랑 그만 두고
달물진 이내 가슴 빼기 달동이나 챙기시오

찬란한 마법

인생의 위대한 마법은 끌어 당기는 힘이다
끌어 당김의 비밀은 비슷한 것끼리
서로에게 끌린다는 것,
그래서 한가지 생각을 할 때
그 생각과 비슷한 다른 생각들을
끌어 당기게 되는 것이다
생각은 자석과 같다
자성이 있다
또한, 생각은 주파수가 있다
내가 생각을 할 때 그 생각은 우주로 보내어진다
그리고 비슷한 주파수를 가지고 있는 것들을
끌어 당기게 된다

자신이 내보낸 모든 기운, 진동, 자기장, 은
곧, 근원지인 자신에게 다시 돌아오게 된다
방송국 송신탑과 같은 역할을 한다
자신의 생각을 통해서 인생에서
무엇이든 바꾸고 싶은 것이 있다면
생각을 통해서 주파수를 바꾸어야 한다
현재 생각이 자신의 미래를 창조해가고 있는 것이다
자신이 가장 많이 생각하고 있는 것과

가장 많이 정신을 집중하고 있는 것이
인생으로 나타날 것이고
생각이 사물로 변하는 것이다

비밀을 간단하게 풀어보자
끌어 당김의 법칙은 자연의 법칙이다
그것은 만유인력의 법칙만큼
대상을 가리지 않고 누구에게나
모든 것에 공평하게 작용한다
그 어떤 것도 지속적인 집중이 없이는
자신의 삶 속으로 들어올 수가 없다
그대가 무슨 생각을 하고 있는지 알고 싶다면
그대에게 현재 어떤 감정을 느끼고
있는지를 물어보라

감정이라는 것은 아주 유용한 센서로서
그대가 무슨 생각을 하고 있는지를 알려준다
좋은 생각을 하면서 나쁜 감정을 동시에
가진다는건 불가능하다
자신의 생각이 자신이 거擧하게 될
주파수를 결정하게 되고,
자신의 감정은 자신이 어떤 주파수 위에
있는지를 알려준다
기분이 나쁘다면 더 많은 나쁜 것들을
끌어 당기는 주파수에 처하게 된 것이고
기분이 좋다면 강력하게 좋은 것들을

끌어 당기고 있는 셈이다

-즐거운 기억
-아름다운 자연
-가장 좋아하는 음악
이러한 상관물들은 자신의 감정을 주파수를
순식간에 바꾸어준다
여러 감정 중 사랑의 감정이 내뿜을 수 있는
주파수 중 가장 높은 주파수다
더 많은 사랑의 감정을 느끼고 내뿜을 수록
더 많은 에너지를 내포하게 되며

곧, 위대한 비밀은 내 자신이다
작은 우주안에 둥지를 치고 살아 숨쉬며
달빛 불러들이고
수많은 설화가 그렁하게 이슬을 치고
천만 가닥의 햇살을 불러들여
심동력 가동하여 강력한 자성으로
천 년 수놓을 전설을 채집한다

여명의 출사

이른 새벽 여명이 오기전
칠흑같이 어둡다

노을이 잉태한 태양
어둠의 자궁으로 해산할 쯤
삼신할매 산파하려 등을 걸어
미명을 밝힌다

사진쟁이들 출사를 서두르는데
졸린 눈 가물거리고 하품 연신 토해낸다

산하가 깨어나기전
태어난 태양 숨통 트이기전
서로 좋은 위치 선점하려
부산스럽게 움직인다

드디어 삼신할매 탯줄 자르고
태양의 엉덩이 철썩 때리는 소리
숨통 트여 울어 재끼는 소리
공명되어 우주를 가르고

걷어낸 어둠 사이로
태양이 쑥쑥 자라자
사진쟁이들 반은 혼이 나가
정신없이 셔터를 눌러댄다

그들은 치열하게
태양의 꿈과 희망을
자연의 숭고한 섭리와 순응을
모천으로 회귀하는
사랑의 순환을 담아낸다

사진기 속에서
물빛 산란하는 태양
방긋 웃는다

풍운

폭염으로 달궈진 여름 산,
나그네 홀로 오른다
능선에 올라서니 산머리까지
구름바다가 흐르고
어디로 흘러 가는가 생각하니
가슴 속 풍운風雲이 인다

기암절벽 신묘히 서있는 금강송
구름 올라 타고 승천할 듯 용트림이고
정상에 오르니 노을이 지고
어둑어둑 기어오르는 땅거미
산장 불빛이 손짓한다

세상은 발아래 펼쳐지는데
빛바랜 별을 모종해 놓은 것 같고
나그네 긴 한숨은
천 길 계곡 아래로 뚝 떨어지는데
지나던 구름 한 마디 흘린다

"세상 욕망 그거 별거 없으니
다 벗어 놓고 내 등에 올라 타시게
허허실실 세상 구경이나 하세나"

나그네는 그만 올라타고 말았는데
잠시동안 신이 났다
누군가 등을 다독여 번뜩 눈을 떳는데
나그네 산장에서 나와
청송靑松 아래 좌정하여
깜빡 꿈길을 걸었던 것 같다

산마루 넘어가던 더깨바람
어깨 툭 치며 웃는데

빛바랜 기적

혹자들이 그랬다
별보다 많은 사람 중에 사랑하는 사람을 만나는 것
은 기적이라고,

그대라는 존재와 나라는 존재가 만난 건
신들이 맺어준 인연일 것이다

별을 헤인다
저기 밝은 샛별은 내 별
저 따뜻한 별은 그대 별
사파이어빛 별들이 헤일 수 없이 많은
별밭 사이로 빛을 발하다
구름 사이로 사라진다

저 헤일 수 없는 별보다 많은 사람들 중
그대와 나의 만남이 기적일 것인데
저 별들 빛을 잃고 구름 사이 방황한다
우리의 인연도 그 사이 빛을 잃고
미리내 끝을 헤메인다

아, 기적이 빛바랜 슬픈 밤이여

[샘터 어록]

별보다 많은 사람 중에
연인으로 만나서 사랑한다는 건
기적일진데,

이를 가벼히 여기고
도덕적 해이가 판을 친다

빛바랜 사랑, 상처받은 사랑이
방황하는 슬픈 현실을 개탄한다

상처

실없이 던진 돌맹이 하나
여울에 파동이 일고
그 파동 따라 흔들리는 물과 풀

내용 있는 글 하나
그런 말 안해도 인연이 다 했음을
느낌으로 알 수 있는데

잔잔한 물 칼로 베인 듯
순간적으로 가르는 선

그때에 아픔이란 걸 알아
또 한 번 마음이 찢겼다

작은 원소로 이뤄진
이별의 설움들
조그만 글귀에도 마음이 아프다

4부
죽어서도 사랑하렵니다

사랑과 이별

가슴에 사랑을 가둘 수 있는
그물이 없는 건
그물 안에 가두어 두고 구속하는 게 아니라
나누어야 하기 때문일 게다

이별을 한 뒤 눈물이 나는 건
사랑이 머물렀던 심장이 메말라
퍼석해 부서질까 봐
눈물이 나는 것일 게다

순애,보

돋는 달 기다리다
깜박 꿈 속을 헤맺네

닽을 빚다가
두견새 피울음 소리에
가슴 쓸어 내렸어

그대 드리려
별을 따다가 저 멀리 은하강가
멱 감는 그대의 뒷태의 정신을 팔았어

사랑이여
그대 향한 순애,보 잠시 마실 갔음이니
서운타 마시고 어서 오시어요
영원한 나의 꽃별이여

이별

그대라 할까요
자기라고 할까요
처음 본 그대 정말 신선했어요
몸 만 내게 온다는 겸손이 새로웠어요
요요거리는 된장녀에 비해
순수해 보였어요

고마웠어요
그대 용기 고마웠어요
저 정도라면 내 여자다 싶었어요
목구멍 풀칠 할 수 있는 열정이 있었고
혼신을 다해 사랑할 수 있었으니요
반려자라면 그 정도 신뢰쯤 있어야겠지요

갑작스러워요
아마 이유가 있을 거예요
이유 같지 않은 이유로 그럴 때에는
나름대로 이유가 있을 거예요
짧다면 짧고 길다면 긴 시간이었고
많이 정이 들었어요

이별이네요
그대와 이별이네요
함께하는 동안 내가 많이 부족했어요
후회가 심장을 후벼 파네요
사랑했던 그대가 불행해지는 건
가슴 아픈 일일거예요

잘 살아요
행복하게 잘 살아요
젖은 이별 시는 선물이에요
그대가 죽을 만큼 날 사랑했었고
나 또한 죽을 만큼 그댈 사랑했기에
드리는 선물이에요
가끔은 꿈 속에서라도, 어쩌다 시집詩集 속에서라도
그대 흔적, 내 연민憐愍과 마주친다면
선홍빛 눈물 흘릴 거예요

청녀, 매실 짱아찌

올해는 청녀를 좀 더 많이 사랑해 볼까 하는데
작년엔 나름 많이 사랑한다고 했는데도
그녀를 여기저기 헤프게 나누어 주다보니
나중에는 홀라당 퍼 줘서
시집 보낸 아비 마냥 허전하고 많이 아쉬웠다

청기를 충전하는 청녀는
새초롬한 눈빛과 새콤달콤한 맛과
아삭아삭 꼬들꼬들 한 관능이
기운이 부족한 존재들이 사족을 못 쓰고
그녀를 취하여 회춘을 한다

여인들은 상큼한 맛에 투기를 하여
큰 양판에 그녀를 발가벗겨서
시퍼런 칼로 토막을 친 다음
고추장으로 마취를 시키고
통깨로 톡톡톡 두들겨 패서 숨통을 끊은 다음
밥톨에 참기름으로 돌돌 비벼
한 입 두 입 쏙쏙 우걱우걱 씹는다

되바라져 입맛 까칠한 아이돌
밥상머리 교육에도 좋아
청녀의 청기를 먹이면 왕성한 지각을 지닌
어른으로 자란다

그녀는 한 해 성숙시키는 것 보다
하늘의 기운을 품은 독아지에 푹 묵혀서
다음 해 맛을 보면
입에 쩍쩍 달라붙고 감칠맛이 나고
흥건한 물이 고이는 흥분의 도가니가 된다

인생의 논제

인간이 사는 것 자체가 여행 아닌가?
그럼 여행에 발자취를 뒤돌아 보자
현재는 미래의 여행은 어디로 갈 것인가
어떤 목적과 가치와 철학으로 접근하고
구현할 것인가
어떤 사랑을 선택하고 선택받을 것인가 가
논제가 될 것이다

우리 자신들은 자기중심적이 아닌
이기적이 아닌 편견을 배제한 논제를 가지고
합의점에 도달해야 하는 과제가
키워드일 것이다

여행을 떠나보자
부딪쳐보자
여행길에서 답을 구해보자
우리들 근본적인 정체성부터
현실의 논제까지 답을 구해보자

우리들의 긴 여행이 끝나고
생을 마감하는 순간 모든 걸 다 내려놔야 한다
인간은 자신의 의지와 결심으로
위 논제와 정체성에 혼란들을
긴 여행이 끝나는 순간까지 극복해 낼 것인가
답을 구할 수 있을 것인가
구현해 낼 것인가

그 이후는 어디로 갈 것인가?
어떤 생이 기다리고 있는 것인가
또 현상계인가
아님, 절대계인가
피안의 신세계는

죽어서도 사랑하렵니다

어느 날 당신이 오셨습니다
우린 죽을 만큼 사랑했습니다
오늘 첫눈이 내립니다
바람이 산란하는 눈, 선한 눈빛
왜 이리 서러울까요?
서러운 눈처럼 시린 가슴이 떠밀고 있습니다
그대와 손잡고 걸었던 길인데
전혀 행복하지가 않습니다

매서운 바람이 불어오니 발가벗은 샛별
태초의 무덤의 넋을 얹고
저무는 하현달 어둠의 자궁으로 스러집니다
흐르는 바람 잡아쥘 수 없고 손길 닿지 않으니
절망의 늪으로 꺼져갑니다

심혼心魂 멎는 고통의 소리
육탈肉脫의 소리 들으며
성찰인지 자각인지 모를 암묵의 소리
허공에 매달리고
대롱거리며 지새우는 저 잎새 지켜주리라
가슴을 치지만

거친 바람이 쓸어가 버리고
목울대 피울음 토합니다

죽을 만큼 사랑한 당신
죽어서도 사랑하리라
가슴을 칩니다

된통 터진 죽통밥

대쪽같은 선비의 기상과 푸른 넋이 깃든
완동골 부석재 대숲
겨울바람 매서워도 죽피도롱이 한 벌 걸치고
댓가지 희득희득 설화 피우고
댓잎사구 쓱싹쓱싹 비비며 추위 덥히고
사시사철 뻗치는 푸른 기운
천 년을 버텼어

죽력과 죽황의 내공 층층이 쌓고 쌓은
마디마디 원통 속에
우주의 순환을 자연의 섭리를 축적하고
댓꽃 사랑이야기, 인간군상들 삶과 죽음 이야기
주워 담았어

신령스런 마디 잘라
인간들 요리 재료와 섞었어
방구들 덥히는 부석 고래,
걸터 앉은 가마솥에 층층 쌓아
댓잎 소시게 푸른 불 댕겨 군불을 뗐어
굴뚝 타고 흐르는 푸른 넋魂,
죽통 영혼 위로하는 소천의식

된통 터진 죽통
뜨거운 눈물 흘리며 순교한 넋
죽통밥으로 다시 태어나고
선비들 여인들 맛있게 먹는 입술 언저리
별이 달이 뜨고 지고 사랑화 피고 지고
대숲 다시 꽃을 피웠어

사랑하는 아들아

어느새 훌쩍 커버린 너의 모습을 보니
눈시울이 젖는구나

마냥 아기 같던
네가 벌써 성인이 되고
대학생이 되어
개그 공연을 하는 것을 보고
네가 내게로 와준 것이
아빠로선 큰 행복이었단다

또한 네가 군 입대해서 근무할 적에
아빠가 널 면회 갔었잖니?
아빠가 교통사고 나서 힘들 때
어렵게 간 면회였는데
"충성"하면서 경례하는 널 보니
눈물이 앞을 가렸었다
그런데 벌써 제대하고 복학해서
대학도 졸업하고
밤샘 아르바이트 해가면서
개그 활동을 하는 널 보니
대견스럽고 짠하기도 하구나

아들아
고맙고 사랑한다
세상에서 가장 소중한
나의 아들아
우주에서 하나밖에 없는
나의 아들아

성스런 사랑

주섬주섬 거둬들인
햇빛, 별빛, 달빛을 마음에 담아
예쁜 꽃들이 피어있는 풍경 심안心眼으로
스캔하여 그대에게 보내 드립니다

정성껏 가꾼 그리움도
순정빛 순종도 영혼의 주파수로
전해 드립니다

여러 소재를 가지고
그대의 크리스마스 아름답게 따뜻하게
축복할 수 있는 멋진 악세사리로 장식해주세요
축배의 잔을 드는 그대 언저리에
촛불 들고 오롯이 서서 기도하겠습니다

우리 행복해지기 위한
모자라는 사랑 조금이라도있다면
나의 남아있는 소려한 사랑 기꺼이 드리니
아낌없이 써 주시기를 소망합니다

그대의 성전에서 비추는
성스런 빛과 찬송의 은파 속에서
징글벨이 울렸으면 좋겠습니다

소원하는 바 있다면 축제가 끝난 뒤
내 그리움이 한 줌 묻어 있음을
그대 가슴으로 느껴주셨으면 하는 바램이고
긴 시간 그리다가 묻어난 것이기에
가슴 시리도록 기뻐하시면 좋겠습니다

올 크리스마스
사랑으로 충만 할 수 있다면
난, 성스런 촛불이 되어 그대 창가에서
밤 새도록 서성이겠습니다

이렇듯 내 가슴 속 그대 살아있어
내가 살아가는 이유이기에
그대 내게 보내주신 주님께 감사드리고
경배를 올립니다

우리들의 꿈과 열정 그리고 사랑을 위하여
핏빛 보다 고운 포도주 잔을 들어
축복의 건배를 청합니다

눈이 내리는 날이면

한라산 상고대 품 속
포근히 안긴 산장에 눈이 내립니다
소복이 쌓이는 눈을 보면
마음이 조용히 스며듭니다
온 산을 하얗게 품는 눈은
마음을 깨끗이 비워 놓습니다

눈이 내리는 밤, 진한 커피향에
흠뻑 젖어 들고 싶습니다
적요한 밤, 함박눈 펑펑 내리는 날
가슴 한 자락에 소복이 쌓이면
사랑의 편지를 씁니다

천사 유혹하는 진한 카페라떼 잔 속에
그대 향취가 코 끝을 스치고
아련한 그리움 피어오릅니다
피어올라 가슴에 스미니
그대의 대한 애련, 더욱 더 사무칩니다

꽃술

밤샘 촉수 세우고
달맞이 한 그녀가 달물에 취했네

달덩이 포개 놓은 듯, 둥그런 너
연못을 유영한 듯, 촉촉한 너

흠뻑 머금고 피어나
사랑의 목말라
내음 흩뿌려 길손을 유혹하네

앙다문 입술 파르르 떨리는 격정,
벌 나비 퍼 나르는 꽃받이,
꿀샘 미련없이 내어주고
비워지면 또 채우고

그녀의 영롱한 사랑
젹셔주고 채워주고 내어주고 비워주고
사랑의 재창조라네

오늘 밤 나도야
그녀 취하러
달맞이 가야겠네

소천

홍엽 하나
길 위에 뒹굴고
계절은 이별을 서두른다

홍엽 하나
조락의 서러움 우수수 쏟아내
길 위에 서러운 편지를 쓴다

홍엽 하나
마지막 한 잎의 결기로
하늘의 이치를 거스르고
중력을 쳐올려
서릿발 갈기로 피어난 설화

그 하얀 혼백魂魄,
운명을 파罷하는 조각달에 얹으니
서녘 별 졸고 수유간에 이승이 진다

[샘터 어록]

모든 사물은 수명이 유한하다.
한 때 화려한 영광도 시절을 다하면 퇴색하고
애절했던 사랑도 시절을 다하면
아름다운 추억으로 기억되고
가슴 시린 설화로 핀다.

모든 사물은
지난 것을 그리워한다.

그리워하는 감정은
인간들만에 특권이 아니다.

자연의 모든 개채들 또한
저마다 타고난 운명적인 감정으로
태동, 생장, 결실, 소멸의 순환을 거치면서
그리워하고 사랑하는
유전적 프로세스가 작동하여
학습하고 진화하는 것이다.

그리워하는 마음은
아름다운 축복이며
사유의 철학이다.

자유

청량산 입구 버스정류장 앞
도로가 하수구 속에
애기단풍이 산다는 풍문이 돌았다
엄마 단풍이 아가를 낳았는데
심술쟁이 갈바람이 둘 사이를 떼어 놓았다
바람에 실린 아기가 길을 헤매이다
그만 하수구 속으로 빠져 헤어나질 못하고
살아야하기에 처절하게 뿌리 내리고
온갖 오수를 먹어가며
피눈물을 흘린다

올해도 어김없이 가을은 찾아왔고
엄마 아빠가 보고싶어 구멍 사이로
붉은 그리움 피워내
아빠 엄마가 찾아올까
쇠창살 문 틈으로 가을 하늘을 바라보며
가족을 찾는 애기단풍

발밑에는 혼자 낳아 키운 아가들도
무럭무럭 자라고

또 조금 있으면 새 아가들도
주렁주렁 열린 것이고
그리되면 아마 집안이 좁아 터질 것이다
가족이 합세하여 뿌리를 더 튼튼히 내리고
몸집을 더 키워내서 자력으로
쇠창살문을 쑤욱 밀어 올릴 것이다

그리고 감옥보다도 더 처참하고 혹독했던
굴레를 벗어나
바깥 세상으로 나아가 돌아오는 내년 가을에는
엄마와 아빠와 가족을 찾아
붉은 춤을 더덩실 출 것이다

# 너의 환상

표표한 은하강
푸른 유성우 산란하는 가을밤
심연의 절절한 강물이 되고
떠돌던 푸른 추억과 고독을 부른다
달빛 드리워 산란하는 은하
은빛으로 산화하여
고혹한 고요를 낳는다

적요의 달밤 푸르슴한 아우라
신비한 비밀 의식
기도하는 그림자 드리워
일렁이는 물결
연민을 실은 쪽배 하나
달빛을 가르고 물빛을 가르고
은하강변 오작교 난간에
톡, 걸린 너의 환상 찾아
내 맘
속절없이 흐른다

첫사랑 미스김

무성한 초록으로 가는 길목
매미 날개옷 손질하고
태양의 계절 노래할 목청 다듬는
봄의 끝자락에서 만나는 꽃이 있다
미스김 라일락이다
첫사랑이란 꽃말처럼
뜨거운 사랑의 계절로 가는 길목

잔잔한 강보다 철썩대는 바다가
가슴으로 다가오는 계절이다
물범이 섬을 베고 잠꼬대하는 수평선 너머가
더 그리울 때다
아득한 사랑을 향한 고요한 혼술 한 잔이
더 간절해질 때다

첫사랑의 떨림처럼 설렘처럼 간절하면
삶의 허접한 것까지도 새로워지고 순결해지는 것
사 월의 라일락 한 송이부터
오 월의 장미 한 송이까지
간절한 첫사랑으로 피어나는 것

물봉선화

핑크빛 사나래 활짝 핀 아리아
가람 물빛 머금은 꽃술 가을빛 사르니
산야초목 붉게 타들어가고
하얗게 피는 여울목, 산천어 떼 난장치다
그녀의 미소에 취하나니

핑크빛 사랑에 물든 그대 가슴에
가득한 가을이야기
잎새들 손톱에도 나무들 발톱에도
가람 물비늘에도 물드나니

흰 구름에 붉은 점을 찍고
핑크빛 선을 그리고 향기로운 색칠을 하여
그대의 영원한 사랑을 위해
찬란한 시를 쓰나니

춘설 春雪

밤새 하늘이 하얗게 내려와
소꿉장난을 친다

봄눈을 얼그렁 설그렁 쌓는다
복스럽게도 쌓고
소담스럽게도 쌓는다
팔선녀八仙女 분가루 바르듯
곱게도 쌓는다

탐스런 솜눈이 흐드러지며 핀다
타박타박 거니르며 핀다
백목화 흩날리 듯 소금꽃 반짝이 듯 핀다

하늘에서 가져온 손끝에서
순결한 소망이 송글송글 싹이 트고
만 년 설화가 주렁주렁

네 냄새가 좋다

봄비 그친 오후 숲을 오르니
오솔길이 좋다
숲길 따라 봄내음 가득 안고
옹달샘 찾으니
목마른 사슴 반기는 우수에 젖은
네 눈빛처럼 촉촉해서 좋다

네 느낌에
초록의 새순과 분홍빛 꽃 내음
물씬 풍기고
봄비의 씻긴 풋 내음
흙내음 물씬 풍기면
너의 그리움 오솔길 따라
쓸려 오는 네 냄새가 좋다
네가 좋으니 오솔길이 좋고
봄 숲 식구들이 다 좋다

천 년 만 년 이어갈 사랑

혹한 견디려 켜켜이 껴입은 매목
더께 적삼 벗어 던지고 몸을 푼다
수피 속 흐르는 홍건한 기운
부풀은 여린살 다듬은 나긋한 가지
늘씬한 자태 드러내고
마디마디 매듭 꼬아 꽃방 차리고
꽃 들자리 움 틔워 낸다

연두빛 새싹의 날개짓
야들한 저고리 풀어 젖히고
톡 터뜨린 유두 뽀얀 속 살 드러낸
첫 일성이 눈물이다
긴 긴 생채기 토해내는 뜨거운 눈물

쌉싸름한 봄 들이는 새벽
붉은 여명 산야를 깨우고
여린 햇살 당기는 알싸한 매화
덜 깬 잠 털어내고
발정 난 바람 유혹에 은밀한 속 살 달싹여
쌉싸름 향기 찾는다

얼마나 기다렸을까
얼마나 서성였을까

어둠이 내려 앉은 밤
별빛 나리는 애련의 강 거니는 매화
한 선율씩 바람의 날리는 화향
홍등 밝히는 애상곡 현을 튕기나니
별빛은 저리도 빛나
'그대는 잠 못 이루고'를 부르는 그대가
숨 막히도록 보고 싶구려

밤하늘 나리는 별꽃 사랑아
강물에 드리운 꽃잎 사랑아
어여오라 사랑아
내 사랑아
천 년 만 년 이어 갈 우리의 사랑
끝나지 않았으리니

5부
바람이 사랑하는 꽃

하나의 꿈을 위해

그대와 내가
어느 날 그 어느 날
뜨거운 가슴으로 만나
하나의 꿈을 꿀수만 있다면
그 꿈들이 만나
한 폭의 융단이 된다면
나는 기다리리

서늘한 누옥陋屋에서
곰삭은 침묵과 이끼 핀 외로움 끝에
그대 슬픔이 내 슬픔에 손을 잡고
그대와 나의 그리움이
그윽한 눈을 들여다볼 때
어느 겨울바람인들
우리 심장이 못견디리

쓰라린 긴 기다림 끝에
어느 날 당신과 내가 다시 만나
하나의 꿈과
하나의 가슴을
합치 할 수만 있다면
나는 기다리리

자작나무 아래 서면 느껴져요

기억의 문을 열면
하얀 꿈 빛을 발산하며
풍경처럼 서 있는 자작나무

서로 어우러져 손을 뻗고
그윽한 향기를 나누고
잎새는 바람에 흔들리고
온몸으로 웃는 자작나무

연인들은 설레여서 심장이 뛰고
잊혀지지 않은 인연
그 숲에서 다시 만나고
자작나무 새순처럼 움이 터서
오래도록 성장하고 완성되는 사랑

푸른 잎사귀 바람에 흔들릴 때
하얀 꿈 빛을 발산하는
자작나무 아래 서면 느껴져요

꿈 속에서 피는 꽃

교교하게 피는 꽃이여
몽롱한 물안개처럼 피어오르는 꽃
소망의 꿈들,
피워오르는 꽃술에 고이 담아
소원을 빌어봅니다

흔들리며 피는 꽃이여
그대 꽃술에 불어넣은 내 영혼이
무아경으로 달삭입니다
간절했던 축복이리니

비몽사몽 피는 꽃이여
그대를 꿈결에서라도
으스러지도록 꺽고 싶은
내 사랑 꽃입니다

특별한 꿈

억샌 들꽃이고 싶다
닥달비가 짓이겨도
또 다시 고개 들고 꽃대 올려
꽃망울 터트리는

절대 매화이고 싶다
설풍이 매서워도
고혹히 꽃눈 품은 설중매雪中梅
꽃망울 터뜨리는

바람 난 바람이고 싶다
태산을 희롱하고
금수강산을 유혹하니
꽃들이 흔들리는

헛바람 든 구름이고 싶다
두둥실 떠도는 이상향
현란한 몸짓으로
신세계 찾아 방랑하며
평생을 주유하는

봄은 시인이다

백설白雪의 배꼽밑에서
초록의 냉이와 자운영이 자라듯
살을 에이는 눈보라 속에서도
너의 텃밭에서는
연두빛 햇순들 삐쭉삐쭉
기지개를 켜고 있었어

망울을 터뜨리려
몸이 간지러운 매화나무 마디에서도
뜰안을 서성이는 종달이 총총걸음에서도
입에 문 긴 지프라기에서도
너는 송송거리고 있었어

너를 피해 숨어있는 잔설,
가랑이 사이로
바위 틈새기 사이로 흐르는
물소리 들으며 깨어나는
산처녀山妻女들 속살 내음에 취해
불둑거리는 아침은
향그런 꽃망울 터트리고 있었어

너는 겨우내 치열하게
시심詩心을 키워서
시격詩格이 부풀어 오르는
찬란한 시화詩花를
미치도록 터뜨리고 있었어

고드름꽃

그녀는 하늘에게 늘 묻는다
내 투명한 가슴 속에 우주가 들어있는데
모실 수 있느냐고,

그녀는 또 바람에게 늘 묻는다
그대는 나에게 무엇을 줄 수 있느냐고
몸을 허락할 수 있느냐고,

그녀는 아침에 찬연한 햇살이 비추자
양볼이 붉어지며 묻는다
그대에게 내 몸을 허락해도 되느냐고,

그녀의 정체성은 무엇일까?
그녀는 그저 하늘과 바람과 햇살에
교합으로 피어난
더러운 창녀라고도 했고
술법을 부리는 마녀라고도 했다

그녀는 냉혹하였다
그러나 그녀는 햇살 앞에서만은
발가벗은 알몸으로

정적인 눈물을 흘리며
고혹한 춤을 추는 무녀이기도 했다

바람과 구름과 달과 별이
짝사랑 하거나 유혹을 하였지만
그녀가 진정으로 몸을 허락한 건
햇살 뿐이었다
처녀성을 허락한 것도
햇살을 틀어쥐고 속박한 것도
햇살의 마음을 운용한 것도

평생을 통틀어
그녀가 산란한 후예들은
아라크네처럼 촘촘한
연민의 포승줄에 포획되어
저항하지 못하고
그녀에게 몸을 허락하거나
그녀의 몸을 탐닉하다가
흔적없이 사라지는
무상한 그녀를 추억할 뿐이였다
그녀는 허무였다

당랑거철
- 고독한 사랑

며칠간 줄기차게 내리던 비
다 쏟아냈는지 하늘이 열렸다
마음 안에 눅눅하게 핀 것들 털어내기 위해
텃밭 푸성귀 나래짓에서 시작되는
푸릇한 바람에 심신을 말린다

초목이 품어내는 향기를 마시기 위해
고독은 사색의 숲을 향한다
늘솔길 걷는 재걸음에 호흡이 가빠오고
중턱 쯤 오르니 헐떡이는 호흡이
땅거미로 쭈우욱 늘어지니
달도 별도 등을 건다

강가 노을과 들녘 곡식과
숲의 나무와 구름과 별과 달을
동시에 보는 건 아름답고 초연한 행운이다
별과 눈을 맞추고
실바람과 손잡고 오솔길 오르니
고독은 문뜩 아늑한 상념에 젖는다

그녀를 향한 간절한 그리움이
달에 올라 그네를 타니 땅거미가 멀미를 한다

한 치 앞을 알 수 없는 불확실성이
촘촘한 거미줄에서 전력을 다한다
거미줄에 포획된 당랑거철이 포승줄을 끊으려
사력을 다해 기력을 소진한다
사랑이 이런건가!
관심인가!
상대적인 슬픔인가!
부디 페르소나가 아니길...

언제였던가
숲 깊숙히 숨겨둔 샘터가 문득 스친다
갈증이 재촉한다
송송송 솟아오르는 샘물을 들여다보니
달빛이 가득이다
한참을 들여다보니 정신이 맑아온다
고요하고 맑은 기운에
눅눅한 상념이 다소 씻겨나간다

샘물 속에서 동동거리는 달덩이
어느 여인 닮은 달꽃으로 다가와 설레이고

자꾸 손짓하니 고독은 숨겨두었던 표주박으로
달꽃을 길어본다

'이를 어쩌나 안길어지네'

그때 수피아가 속삭인다

'고독아, 혼신을 다해 보듬어봐
소원하면 이루어지는 거야'

혼신을 다한 고독이 달꽃을 길어올리고
도도한 그녀를 포옹한다

'사랑해요 내 사랑 달꽃, 비주'

애절한 꿈

별빛을 눈에 담으니
그리움이 되고

달빛을 가슴에 담으니
사랑이 됩니다

당신을 마음에 담는데
웬 눈물만 이렇게 쏟아지는지,

허공에다 그대 얼굴
그리다가 지우고
그리다가 지웁니다

이밤 애절한 가슴으로
소원하는 마음으로
꿈 빛 두고 갑니다

땅이 꿈꾸는 하늘나라 꿈

초강대국이나 제국주의자들도
자신의 영토라 감히 주장할 수 없고
침략할 수 없는 하늘,

존재 기원을 홍익인간 두고
인간을 이롭게하는 정체성으로
선하고 착하게 측은지심에 본성을 회복하고
자아의 삶을 사는 하늘,

자연적 순리의 순응하여
모든 사물과 동물과 생명체들이
공생적인 삶을 사는 하늘,

인류의 고통과 불행의 원천을 극복,
자신의 나약함과 무지를 극복,
한계와 무능력의 정복으로
평화롭게 조화롭게 사는 하늘,

그 하늘나라에서는
시험을 통과하여 판검사나 의사나
고위 행정직공무원이 되기 위함이 아니라,
재능을 한껏 표출하고
특화된, 심화된. 능력을
개발하고 연단하고 창출하는
자기개발적 교육론과 방법, 실행들이
넘쳐흐를 것이다

그 하늘나라에선,
직함이나 직위의 개념을
우선시하는 것 보다는
서로의 섬김으로 단합하는
효율성에 힘쓸 것이다

그 하늘나라에선,
음악이나 미술이나 문학이나
이러한 예술적, 인문학적 아름다움들이
지위나 금전으로 선택되지 않고
개인적 자질에 따라
자유 의지에 따라 향유되며
기회가 제공될 것이다

그 하늘나라에선,
노동은 생계수단이 아니라
자신을 단련하고 표출해서 창출하는
능력과 가능성을 개발하는
기회의 장일 것이다
노동은 개인과 가족의 생계와
직장에 필요한 제능과 물리적 기운을
공급함으로서 일조할 것이다

그 하늘나라에선,
경쟁과 투쟁과 정쟁과 전쟁으로 얽히지 않고
이데올로기나 이분법적사고,
흑백논리, 진영논리가 사라지고
모든 관계들이 진보를 위한 협력과
상생의지를 통해 원원하는
형제의 관계로 동반의 관계로
선의의 관계로 대체되고
승화될 것이다

바람이 사랑하는 꽃

그대가 있어 향기로운 시향
가득 품어 낼 수 있듯
그대도 나의 시향으로 인해
삶의 향기 가득 느끼소서

설화 품고 간 바람
꽃바람으로 다시 돌아와
찬란한 아침 처연하게 피는 꽃을
사랑하게 하소서

격정의 광풍 불어
바람이 사랑하는 꽃
앙다문 꽃술 터뜨리어
이슬 젖은 햇살 머금게 하소서

고단했던 날들이 헛되지 않은
우리의 인연이 있어
더 이상 슬프지 않은
행복한 나날 되게 하소서

인생에 끝자락까지
서로 지켜주고 품어 줄 수 있는
첫사랑이자
마지막 사랑이게 하소서

미움이 싹트려 할 땐
훈훈한 가슴이 자양이 되어
서로 용서하고 배려하고
채워가는 사랑이게 하소서

오랜 시간 눈물과 인내로 키워 낸
향기로운 난초처럼
같이한 세월이 많으면 많아질 수록
초연한 인향人香 피우게 하소서

진정한 사랑이란
흐르는 눈물 닦아주는 것이 아니라
눈에서 눈물 나지 않게 하는 것임을
알아가게 하소서

마음이 겪셔오는
훈훈한 참사랑이 무엇인지
일깨워 줄 수 있는
인연과 사랑이게 하소서

홍매화 연정

영산강 줄기 따라
간아당 물빛 선율 따라
그윽한 선홍색 젖가슴
살쿵 젖히는 소리

촉촉한 초경 햇살에
유두꽃 수줍은 누이처럼
저고리 벗기는 발정 난 바람에
달싹이는 야릇한 내음이여
정염情炎의 여인이여

설원의 비애가 서러웠고
여울 앙금 해빙이 살가운 날
설화는 전설이 되었나니

종달이 새끼 치는 양지 바른 둔덕
냉이 향 코를 스치고
아지랑이 잘름거리는 날
격정의 붉은 사랑 아름다우니

홍단치마 출렁이며
꽃신 신고 오는 여인
새각시 홍매여

봄날

산과 들이 그대 향기로 그윽하다
어디 그럼
입이 터지도록 웃어볼까
그대 와락 안아볼까
어서오라

그대는
늘
내 인생의 덤이다

직녀 물망초의 이별의 키스

투명하고 깊은 연못 속에
동화나라가 산다

그녀의 그렁한 눈동자 속엔
보라빛 별들이 뜬다

그녀는 견우를 사랑하기에
보라색 머리를 풀어
달빛에 차르르 감아내린다

보라빛 달무리 커튼이 드리워지자
그녀를 잊지않고 찾아온 견우와
오작교에서 만나 입맞춤을 한다

별들이 눈을 감는다
잉어, 큰 눈에 눈물이 맺힌다
이별의 키스임을 알기에

혁명가 나비

긴 시간이 필요하다
처절한 인내가 필요하다
우주를 깨고 더 큰 우주로 나오려면
혁명이여야만 된다

그 긴 시간에 일어나는
숱한 고통의 사연은 아무도 모른다
오로지 그 자신 밖에

태초의 신이 점지하고
삼신할미가 해산시킨 그녀가 드디어
날개짓을 하더니
저 높이 날아오른다
혁명이 완성되는 순간이다

마법의 24.5k 금

다듬어지기 시작한다
장인이 정련하여 연단한 금이
찬란하게 픽스된다

신이 연단한 24k 정금,
이 경지를 넘어서 장인의 24.5k 신금,

장인은 경계를 넘어서 드디어
신의 경계도 넘어선다
0.5 신기新技를 추가한 마법,
24.5K 연단의 경지,
마법의 돌을 연단한 현자는
신의 권능을 넘어선다

최선을 다하는 순간
꽃대 올린 꽃이 활짝 물들 듯,
장인의 신세계는 절정에 달하여
24.5K 가 빛을 발한다

혁신이고 혁명이다
신과 인간의 경쟁이 더욱 치열해지리라
장인의 꿈이 깊어진다

그 남자

세상이 고단하고
배신 당한 상처가 쓰라리고
트라우마가 극성이다

시기와 질투가 판치는 세상,
모욕과 명예훼손이 횡횡하는 세상,
역병과 정쟁으로 악취나는 세상,
이 세상에서 나를 지켜 주는
참 대견한 목숨

세상이 자꾸 첨예화 되고
틈이 작아지는데
부족하고 유약하고 고단한 나를
기다려주고 품어주는
참 애틋한 목숨

추억의 논두렁

새벽 다섯 시 쯤
헛기침으로 자식들을 깨우시고
"논두렁 방천도 보고 피 뽑으러 가야하니
언능 준비 하거라" 하시며
내 어깨에 삽을 메게하시고
내 손을 잡고 논으로 나가시는 아버지

봉초를 입에 무시고
논두렁에 방천이 났나 점검하시고
벼 사이로 쑥쑥 올라온 피를 뽑고 나시더니
둔덕에 앉으셔 하늘을 보셨다
"그동안 비가 안와서 논이 말라가는데
한 줄금 해야 쓰것는디" 하시며
걱정스런 하늘을 또 올려다 보셨다

오랫만에 불효자식 면피하려
한식날을 택해 성묘 하려
고향 선산을 찾아가는 길,
예전에 우리 논 길을 타고 가는 길이라
서마지기 놈뱀이 길을 지나가는데
아버지가 논두렁에서
손짓을 하신다

오늘은 하얀 두루마기를
멋지게 차려 입으시고
손에는 하얀 봉지를 들고 계시는데
아마도 옥수수엿이 들어 있을거라는 예감이 든다
예전에도 아버지가 자주 사주셨기에
오늘도 사들고 오셨을 것이라는

"아부지 아부지" 부르며
둔덕으로 달려가보니
아버지는 안계신다
몇 번을 큰 소리로 불러 보지만
대답이 없으시다
눈물을 주체할 수 없어
꼬마는 엉엉 운다

선산에 들러 성묘를 한다
오래전 어머니가 돌아가신 후
이십여년 전에 돌아가신 아버지 유골을
화장시킨 후 어머니도 화장하여
두 분을 합장을 해드렸었다
아버지 어머니께서 절을 받으신다
두 분 엉엉 우신다

불효자식도 한참을 울고 나더니
어렵사리 또 두 분과 정을 떼고 일어선다
두 분을 멀리하고
열세 분의 조상님들을 멀리하고
되돌아 오는 발길이 무거워
투벅거리는데

우리 논두렁 자운영이
오십 년이란 세월이 지나
얼굴에 주름이 진 나를 보더니 깜짝 놀라
노란꽃을 짓다 말고 엉엉 운다
어린 시절 부부놀이 때 신랑 각시로
인연을 맺었던 내 부인
자운영이다

이제 그녀도 나이를 먹었는지
꽃이 힘이 없다
그래도 아직 파란 목덜미와
노란 머리가 예쁘다
나도 엉엉 운다

봉창 Two

아름다운 곳이네
빛이 마법처럼 변하는 곳이네
꼬마가 코풍선 불며 옹아리하는 곳이네
한지 먹인 틈으로
문지방 넘는 햇살이 찬란하다네

오묘한 곳이네
한지 화단에 홍매화 설풍을 틀어쥐고
설화雪花가 피어나는 소리
들리는 듯 들리는 듯
바람과 구름바다가 문살 타고 흐르네
울타리 구멍에서 소녀가 나오고
소년과 만나서 속삭인다네

사랑이여 사랑이여
나의 사랑이여

꿈을 꾸는 곳이네
대숲길을 오르니 달빛이 가득하네
대밭에서 아버지 참빗 낙죽烙竹 치는 소리
들리는 듯 들리는 듯

죽순을 먹던 봉황이 날아 오르니
벽오동 거문고 타는 소리 그윽하다네

연못이 달빛을 부르는 곳이네
황금빛 달물이 연잎의 이슬로 내리네
이슬 속에서 별빛이 만나니
은하를 산란하네
꼬마의 우주는 신비롭다네

우주여 우주여
나의 우주여

여왕의 사랑

오월의 여왕이 찾아왔다
공연히 맘이 싱숭생숭 설렌다
구름 한 점 없는 쪽빛 하늘
붓으로 수채화를 그리고 싶다
그대와 나의 고운 이야기를
여왕의 치마자락에 그리고 싶다
여왕이 풍경을 두르니
아름다운 사랑이 시작된다

오월의 여왕이 찾아왔다
발정난 봄이 장미 숲에서 꿀렁거린다
붉은 장미 촉수에 걸려 흘린 핏물로
서녘 하늘에 유화를 그리고 싶다
우리들의 가슴 아픈 이야기
붉은 장미 치마자락에 그리고 싶다
여왕이 저고리 들썩이니
아름다운 사랑이 시작된다

# 내가 꽃을 사랑하는 이유

샘터 이정록 서정시집

발행일 _ 2021년 3월 30일
발행일(2쇄)_ 2021년 5월 1일
발행인 _ 이정록
발행처 _ 도서출판 샘문
감 수 _ 이정록
기 획 _ 장지연
편집디자인 _ 신순옥
인 쇄 _ 도서출판 샘문
주 소 _ 서울특별시 중랑구 동일로 101길 56, 3층(면목동, 삼포빌딩)
전화번호 _ 02-491-0060 / 02-491-0096
팩스번호 _ 02-491-0040
이메일 _ rok9539@daum.net / saemteonews@naver.com
홈페이지 _ www.saemmoon.co.kr (샘문학)
          www.saemmoonnews.co.kr (샘문뉴스)
출판사등록 _ 제2019-26호
사업자등록증 등록 _ 113-82-76122
샘문학평생교육원 (온라인 원격)-교육부인가 공식교육기관 _ 제320193122호
샘문평생교육원 (오프라인)-교육부인가 공식교육기관 _ 제320203133호
샘문뉴스 등록번호 _ 서울, 아52256
ISBN _ 979-11-91111-16-3

본 시집의 구성은 작가의 의도에 따랐습니다.
이 책의 저작권은 저자와 도서출판 샘문에 있습니다.
무단 전재 및 표절, 복제를 금합니다.

파손된 책은 구입처에서 교환해 드립니다.
본지는 한국간행물 윤리위원회 윤리강령 및 실천요강을 준수합니다.

도서출간 안내

도서출판 샘문 에서는
시인님, 작가님들의 개인 〈시집〉 및 〈수필집〉, 〈소설집〉 등을 만들어 드립니다.
시집(시, 동시, 시조), 수필집, 소설집(단편, 중편, 장편), 콩트집, 평론집, 희곡집(시나리오), 동요, 동화집, 칼럼집 등 다양한 장르의 출판을 원하시는 분은 언제든지 당 문학사 출판부에 문의해 주시기 바랍니다.
좋은 책을 만들어 드리기 위해 최선의 노력을 다하겠습니다.

빅뉴스
필명이 샘터인 이정록시인 (아호 : 지율, 승묵)이 2020년 7월 31일 재발행한 「산책로에서 만난 사랑」 이 오프라인 서점, 온라인 서점, 오픈마켓에서 절찬리에 발매 되었으며, 특히 교보문고에서는 5개월간 베스트셀러를 기록하였으며, 현재 베스트셀러를 지속하고 있습니다.
샘문 시선집으로 유수에 로펌 출판사와 저명 시인들을 제치고 베스트셀러를 기록한 것은 샘문 시선집의 브랜드력과 당 문학사 대표 시인인 이정록 시인의 저명성과 주지성이 독자 확보력이 최선상임이 증명 된 사례입니다. 또한 네이버에서 〈판매순위〉, 〈평점순위〉, 〈가격순위〉를 교보문고 등에서 1위를 지속하고 있는 시집을 네이버에서 전국서점을 모니터링 한 후 베스트셀러로 선정하였고, 이어 원형에 붉은색 사인(sign) 낙관을 찍어 줬습니다. 그 후 서창원 시인의 〈포에트리 파라다이스〉가 베스트셀러로 선정되었으며 강성화 시인, 박동희 시인, 김영운시인, 남미숙시인이 베스트셀러로 선정되었습니다.

샘문특전
교보문고, 영풍문고, 인터파크, 알라딘, 예스24, 11번가 GS Shop, 쿠팡, 위메프, G마켓, 옥션 하프 클럽, 샘문쇼핑몰, 네이버 책 등 주요 오프라인, 온라인, 오픈마켓 서점 및 쇼핑몰에 공급하고 있습니다.
기획, 교정, 편집, 디자인에 최고의 시인(문학박사) 및 작가등 전문가들이 참여하여 감성이 살아있는 시집, 수필집, 소설집을 만들어 드립니다.
인쇄, 제본 용지를 품질 좋은 우수한 것만 사용합니다.
당 문학사 컨버전스 감성시집과 샘터문학신문, 홈페이지, 샘문 쇼핑몰, 페이스북, 밴드, 카페, 블로그 합쳐 7만명의 회원들이 활동하는 SNS를 통해 홍보해 드립니다.
당 출판사를 통해 국립중앙도서관 및 국회도서관에 납본하여 영구보존합니다.
당 문화사 정회원은 출판비 (10% 할인)이 적용됩니다.
교보문고 광화문 본점 매장에 전용판 매대에 전시됩니다.
출판비 할부도 가능합니다.(각종 카드사 6개월 ~ 12개월 까지 할부가능)

문의처
TEL : 02-496-0060 / 02-491-0096
FAX : 02-491-0040
휴대폰 : 010-4409-9539 / 010-9938-9539
E-mail : rok9539@daum.net
홈페이지 : http://www.saemmoon.co.kr
http://www.saemmoonnews.co.kr
주소 : 서울시 중랑구 101길 56, 3층 (면목동, 삼포빌딩)
계좌번호 : 농협 / 도서출판 샘문 351-1093-1936-63

BestSeller Serles \ 베스트셀러 시리즈

샘문 시선 1009

산책로에서 만난 *사랑*

샘터 이정록 詩集

필명이 샘터인 이정록시인 (아호 : 지율, 승목)이 1993년 1월 28일에 출간한 본 시집을 2020년 7월 31일 재발행하여 오프라인 서점, 온라인 서점, 오픈마켙 서점에서 발매 되어 현재 8개월간 5쇄까지 완판되었다.

네이버에서는 전국 서점을 모니터링하여 「판매순위」「평점순위」「가격순위」에서 1위를 지속한 시인의 시집을 베스트셀러로 선정하여 붉은 원형 낙관을 찍어 주었다.

「샘문시선 1009호」로 출간한 시인의 시집은 국내 내노라 하는 출판사와 저명한 시인을 제치고 「베스트셀러」로 선정된 것은 「샘문시선」의 브랜드력과 샘터 이정록 시인의 작품성과 저명성, 주지성을 말해주는 사례이며 많은 독자들로부터 사랑 받고 있기 때문이다.

샘문 시선 9001

포에트리 파라다이스
poetry paradise

서창원 시, 시이론 저

2020년 11월 10일에 출간 된 서창원 시인의 「포에트리 파라다이스」시, 시이론 집이 오프라인 서점, 온라인 서점, 오픈마켙 서점에서 발매되어 현재 4개월째 베스트셀러를 지속하고 있다.

네이버에서는 전국 서점을 모니터링하여 「판매순위」「평점순위」「가격순위」에서 인문서적 부문 1위를 지속한 시인의 시집을 베스트셀러로 선정하여 붉은 원형 낙관을 찍어주었다.

저명한 출판사나 이론서룰을 제치고 베스트셀러에 선정된 것은 「샘문시선」의 브랜드력과 샘터 서창원 시인의 저명성과 주지성, 작품성이 최상위임을 증명하는 사례이다. 샘문시선은 요즘 현재 연속하여 여러명의 베스트셀러 시인을 배출하고 있다.